AF286744

Werberhausen

TOM MEYER

Werberhausen

Wahre Anekdoten aus einem
verrückten Werberleben

Bibliografische Information der Deutschen Nationalbibliothek:
Die Deutsche Nationalbibliothek verzeichnet diese Publikation in der
Deutschen Nationalbibliografie; detaillierte bibliografische Daten sind im
Internet über dnb.dnb.de abrufbar.

© 2022 Tom Meyer
Satz, Herstellung und Verlag: BoD – Books on Demand, Norderstedt
ISBN 978-3-7568-3678-9

Für Barbara und Romina – und meine Großmutter.

»You can check out – but you cannot leave« (Eagles)

THE NAMES HAVE BEEN CHANGED
FOR LEGAL REASONS

Inhalt

Prolog

Es ist vollbracht, nach 13140 Tagen – einem halben Menschenleben – habe ich meine Werberkarriere beendet. Einfach so, »all ends well«.

Klar, eine Zäsur, und was bleibt? WERBERHAUSEN ist mein Nachlass aus den vielen schrecklich-schönen Jahren in der Werbeszene. Kein ödes Fachbuch, davon gibt es ja schon regalweise mehr oder minder hilfreiche Lebenshilfe. Nein, ein ganz besonderes Buch, ein Buch über Menschengeschichten. Ein Buch, indem ich meine wahren Erlebnisse mit Menschen in der Werbebranche – Kunden wie Kollegen/Kolleginnen – nochmal Revue passieren lasse. Oft lustig, vielfach grotesk und fast nicht zu glauben, manchmal auch etwas pikant, aber immer sehr unterhaltsam, zumindest jetzt im milden Rückblick.

Dem geneigten Leser eröffnet sich ein tiefer emotionaler Einblick in die menschliche Seite der Werbewelt, die Faszination, aber auch den tägliche Wahnsinn aus Egomanie, Unzulänglichkeit und Tolpatschtum, fast so wie in Donald Duck´s schnatterigem Entenhausen – daher die Anlehnung des Buchtitels. Auch in der Werbewelt sind Typen wie zum Beispiel der reiche Onkel Dagobert, der Glückspilz Gustav, der kreative Erfinder Daniel Düsentrieb, der ausgenutzte Neffe Donald und der faule Franz Gans zuhauf anzutreffen. Ganz zu schweigen von den naiven Tick, Trick und Tracks dieser Welt.

Die Anekdoten sind nicht durchgängig chronologisch berichtet und ausschließlich meinen Berufsjahren in amerikanischen, französischen und britischen Top-Werbeagentur-Networks nach Erinnerung zugeordnet.

Nun will ich Sie nicht länger auf die Folter spannen. Ich wünsche viel Vergnüglichkeit beim Lesen und Weitererzählen.

Und wenn Sie jemanden Talentiertes kennen, der Spaß an der Werbeszene entwickeln könnte, schicken Sie ihn uns – und das schnell.

Ein Platz ist ja frei geworden!

Wie alles begann

Paternostersinfonie

Dass ich in die Werbung gegangen bin, ist eigentlich einem Paternoster und einem Bürostuhl ohne Lehnen zu verdanken.

Schon während meines Studiums hatte ich zahlreiche Praktika sowohl in Marketingabteilungen der Industrie als auch in Werbeagenturen gemacht. So kam es dann auch, dass ich auf der Suche nach einem Trainee-Angebot Einladungstermine von beiden »Lagern« bekam.

Starten wollte ich meine Bewerbungen bei einem großen Waschmittelkonzern, dessen Produkte jede Hausfrau bestens kennt. Der Marketingleiter, Herr Söller, begrüßte mich eines Morgens herzlich in der Firmenzentrale. Ein drahtiger Mittvierziger mit Scheitel und einem schicken dunkelblauen Anzug. Wir tagten über eine Stunde und das Gespräch verlief sehr günstig für mich. Eigentlich war alles klar, da sagte er: »Wollen Sie sich denn einmal Ihren möglichen zukünftigen Arbeitsplatz in unserer Marketingabteilung ansehen?« »Ja, super gerne, entgegnete ich,« und wir stapften zusammen los.

Das Großraumbüro lag im 4. Stock eines aus den sechziger Jahren stammenden Gebäudes und war nur über einen alten Paternoster zu erreichen. Rumpelnd und quietschend erreichten wir die mit ca. 60 Mitarbeitern belegte Arbeitsfläche. Nachdem ich den Absprung unfallfrei geschafft hatte, blieben wir schon stehen. »Das ist er,« sagte Herr Söller ganz stolz. Ich blickte auf eine kahle Schreibtischplatte ohne Schubladen und einen grauen Bürostuhl ohne Lehnen. Rumpel, Rumpel, der für mich vorgesehene Arbeitsplatz lag unmittelbar im Dunkeln vor dem fahrenden Paternoster. »Gefällt es Ihnen?«, fragte mich Herr Söller mit wachen Augen. Ich musste schlucken, das hatte ich mir schon etwas anders vorgestellt. Auch der Blick in das riesige Büro mit Dutzenden von Arbeitsplatten, an denen stumme Leute saßen, erhellte meine Laune nicht. Lediglich die Tischchen an den Fenstern sahen etwas kommoder und vor allem mit mehr Tageslicht ausgestattet aus. »Ja, ganz O.K,« sagte ich leicht verschnupft und blickte etwas irritiert zu Boden.

In diesem Moment schlurfte ein älterer Herr von der Fensterseite auf uns zu. Er ging etwas gebeugt und trug einen abgewetzten grauen Anzug. Sein Haar war schlohweiß. »Na, junger Mann, wollen Sie hier bei uns anfangen?« Der ältere Herr wurde mir als Herr Kranenbrink vorgestellt und hatte wohl irgendwie meine Betretenheit bemerkt. »Wir haben hier alle mal im Dunkeln angefangen, da gewöhnen Sie sich schnell dran.« Ich zauderte und fragte ihn dann: »Ab wann bekommt man denn so einen schönen Fensterplatz wie Sie, Herr Kranenbrink?« »Nun, wenn Sie mal wie ich über 35 Jahre den Rohrreiniger als Produktmanager betreut haben, dann sitzen auch Sie sicher mal am Fenster, nicht wahr, Herr Söller?« Der nickte heftig und mir fiel echt nichts mehr ein, wo war ich denn hier gelandet?

Wollte ich wirklich an so einem Ort meinen Start in die bunte Markenwelt beginnen? Der Aufzug rumpelte wieder und zwei schwergewichtige Waschmittelmitarbeiter betraten grüßend die Fläche, liefen dann direkt quer über das für mich vorgesehene Kleinsthoheitsgebiet und bogen ab. Um Gottes Willen nein! Herr Kranenbrink zog sich zurück und ich blieb mit Herrn Söller zurück.

Schweigend traten wir den Rückweg zur Pforte an. »Wollen wir morgen miteinander telefonieren?«, fragte mich Herr Söller? Hatte er was gemerkt? Ich versuchte, mir nichts weiter anmerken zu lassen und versprach, mich am kommenden Tag zu entscheiden und ihn anzurufen. Wir gaben uns freundlich die Hand und ich ging schnellen Schrittes aus dem Gebäude des Schreckens. Nachdem mich Herr Söller nicht mehr sehen konnte, rannte ich und rannte, dabei hörte ich immer noch die Sinfonie des dunkelbraunen, quietschenden Ungetüms.

Die amerikanischen Jahre

Das Gesicht in der Menge

Mit der Einladung hätte ich nun wirklich nicht gerechnet. Kurz nach meinem Examen erhielt ich auf meine Bewerbung hin für ein Traineeship tatsächlich einen Termin bei der absoluten Ikone der amerikanischen Werbeagenturen.

Diese Agentur wurde bereits im 19. Jahrhundert in den USA gegründet und ist wohl der Gottvater aller internationalen Werbetempel. Tradition und Wissen pur, eine richtige konzeptionelle Kaderschmiede. Und das in 128 Ländern dieser Welt.

Ich freute mich riesig und las alles über den Laden, was ich nur finden konnte. Insbesondere deren klassische Kampagnen hatten es mir angetan, waren sie doch von höchster kreativer Güte, nahezu immer gründend auf einem gut sichtbaren, differenzierenden Strategiekern. Einfach nur toll und im Konkurrenzvergleich aus meiner Sicht klar führend.

Ich nahm mir fest vor, bei dem Vorstellungstermin keinen Hehl aus meinem Respekt vor der Leistung der Agentur zu machen und ihr meine höchste Bewunderung auszusprechen.

Diese Agentur faszinierte mich von Anfang an und ich konnte die Tage bis zum Termin kaum abwarten.

Dann war es endlich so weit. Ich hatte nachts kein Auge zugetan und fuhr Stunden zu früh zum Meeting nach Frankfurt. Da ich Frankfurt nicht kannte, wollte ich genug Zeitpuffer haben, um auf keinen Fall auch nur eine Minute zu spät zu kommen.

Die Reise verlief zügig wie geplant, die Adresse fand ich schnell mit meinem Falk Stadtplan, Navi war damals noch nicht, aber dann...

Es war einfach im Frankfurter Westend kein Parkplatz zu finden und ich wusste nicht, ob die Agentur ausreichend Besucherparkplätze haben würde. Also suchte ich weiter, während die Zeit Minute um Minute verging.

Langsam fing ich an zu schwitzen, bis zum 10 Uhr Termin war es nur noch eine knappe Viertelstunde.

Nachdem ich das halbe Westend mehrfach durchkreuzt hatte, endlich, da war Einer.

Flugs hinein und im Eilschritt zur Agentur. Dummerweise hatte ich mir die Straße, in der ich geparkt hatte, nicht gemerkt. Ein Umstand, der mich vor der Heimreise später fast zwei Stunden Autosuchen kosten sollte.

Mit Straßenplan und mehrmaligen Befragen von Passanten traf ich genau eine Minute vor dem Termin noch rechtzeitig ein.

Ein moderner fünfstöckiger Bau mit einer schmucken, direkt daneben liegenden alten Villa aus den fünfziger Jahren. Im Foyer wartete schon die PA von Jürgen S., dem obersten Personalchef.

Sie brachte mich in einen in grau-weiß designten Konfi, in dem ich mich von der ersten Sekunde an wohlfühlte. Internationale TV Werbung lief auf mehreren Screens.

Minuten später trat Jürgen S. ein. Eine sympathische Erscheinung, ca. Anfang vierzig und etwas größer als ich. Freundliche Augen, lockige dunkelbraune Haare. Und das alles steckte in einer hellen Sporthose mit blauem Hemd.

»Hi«, sagte er,« eine gute Anreise gehabt?«

Wir kamen sofort fließend ins Gespräch. Er erzählte mir etwas über die Agentur, die Mission, der sie folgten und über die Konditionen eines möglichen Traineevertrages, der bei allen Aspiranten der gleiche war. Ich wiederum legte alle meine Unterlagen vor und berichtete ihm über meine Beweggründe in die Werbung zu gehen und mich gerade bei ihnen beworben zu haben.

Wir kamen dann langsam auf die aktuellen Arbeiten des Hauses und ich dachte, jetzt könnte ich mit meinem Bewunderungssermon loslegen, aber Pustekuchen.

Jürgen S. war schneller und sagte:»Ich brauche mal Ihre Einschätzung für eine brandneue Kampagne, die wir für unseren internationalen Autokunden planen«.

Parallel holte er drei Doppelseiten-Motive hervor und legte mir diese auf den Tisch.

Ich schaute nachdenklich auf diese Werke. Nun, die hatten rein gar nichts mit den faszinierenden Kampagnen zu tun, auf die ich mich im Vorfeld eingerichtet hatte.

Nach kurzer Zeit fragte Jürgen S. nach:»Und, wie finden Sie diese Ansätze?« Ich schluckte und dann sprudelte es aus mir heraus:»Naja, ehrlich gesagt, finde ich die Sujets recht technokratisch ohne einen wirklichen emotionalen Haken, auch die Abbildung der Autos ist eher steril und die Headline ist leider...

Während ich sprach, wurde mir zusehends klar, dass ich gerade die aktuelle Arbeit der Agentur, in der ich gerne arbeiten würde, in Grund und Boden stampfte, ja kein gutes Haar an dem Konzept ließ. Wie ungeschickt!

Jürgen S. hörte die ganze Zeit aufmerksam zu und schwieg.

Wie ein Blitz durchzuckte es mich, das war es dann ja wohl, ich hatte mir jede Chance auf einen Traineevertrag zerstört.

Ruhe lag im Raum, als er zum Fenster ging und rausschaute.

»Sind Sie immer so?«, fragte er mit dunkler Stimme. Ich wusste nicht, was ich antworten sollte.

»Was meinen Sie, mit *immer so*?«, fragte ich etwas kläglich defensiv.

»Na, so klar und kompromisslos?« meinte ich, dabei drehte er sich schnell um und sah mir direkt in die Augen.»Ich versuche es zumindest,« antwortete ich,« ehrlich währt doch am längsten, nicht wahr.«

In diesem Moment lächelte er und sagte:»Sie kennen die Konditionen und wenn Sie wollen, haben Sie den Job. Ich denke, Sie passen zu uns.«

Ich viel aus allen Wolken und wusste kaum, wie mir geschah. Die 360-Grad Wende war eingetreten und ganz gegen meine goldene Regel, alle wichtigen Entscheidungen eine Nacht zu überschlafen, sagte ich: »Fantastisch, vielen, vielen Dank, ich steige gerne bei Ihnen ein, da wird für mich ein wirklicher Traum wahr.«

Ich schwebte nach Beendigung unseres Meetings aus der Agentur heraus und konnte es mir noch immer nicht so recht erklären.

Später erfuhr ich, dass diese Autokampagne als eine Testkampagne zur Bewerberselektion diente. Die meisten Aspiranten reagierten, wie man mir sagte, auf diese Vorlagen wohl entweder freundlich-gefällig oder konnten die professionell eingebauten Mängel weder alle finden noch argumentieren. Alles richtig gemacht.

Vor allem hatte ich den Einstieg in die »University of Advertising« geschafft und die Agentur – nach eigener Aussage – das Gesicht in der Menge gefunden.

Auch heute noch denke ich gerne an die folgende Zeit in der Agentur zurück, legte diese doch das fachliche Fundament für meine Karriere als strategisch orientierter (kompromissloser) Markenmann.

Am Limit

Zu Beginn meines Traineeprogramms wurde ich der kleinsten Unit der Agentur zugeteilt. Ich sollte erstmal in einem überschaubaren Bereich starten, um die ersten Schritte sicher und mit Übersicht zu tun.

Diese Unit wurde von einem kautzigen Typen namens Reinhard R. als Management Supervisor geführt. Ein Anfang Vierziger, etwas untersetzt mit graumelierten dunklen Haaren und einem Hang, englische Blazer mit grauen Hosen zu kombinieren, klassisch casual eben.

Er war vom ersten Tag an ein Pluspunkt in meinem Berufsleben, war er doch einfach nur freundlich, kümmerte sich um meine Ausbildung und ließ mich bei allem, was mir noch fremd war, gerne über seine Schulter gucken.

Und auf dieser »terra incognita«-Agentur gab es reichlich, was ich im praktischen Bereich des Kundenmanagements lernen musste.

Reinhard R. assistierte die kleine Hanni, seine Sekretärin, eine Nette mit roten Wangen, und ein kleines Team von drei Beratern.

Und so fing ich denn an, mich in Timings, Projektpläne, interne Meetings, Jobabwicklung und vieles mehr praktisch einzuarbeiten. Meist schon zehn Stunden am Tag, da es – wie immer in Agenturen – reichlich zu tun gab.

Reinhard R. war viel unterwegs, waren doch die meisten seiner Kunden nicht vor Ort ansässig und kamen auch eher selten in die Agentur.

Die Kundenliste bestand im Wesentlichen aus Handlingkunden aus der Computerhandelsbranche, Pharma und Kosmetik. Ein interessanter Mix, der sehr projektintensiv war.

Hanni erzählte mir, dass Reinhard R. die Unit erst vor Kurzem übernommen hatte und bis dahin schon zehn Jahre als Etat-Director in der Agentur tätig gewesen war. Ein Spätberufener gewissermaßen.

Warum das so war, sollte ich bald merken.

Ich traf mich wann immer es ging mit ihm, zum Mittag oder zu den wöchentlichen Statusmeetings. Bereitwillig ließ er mich an allem in der Unit teilhaben.

Eines Tages defilierte der Großteil der zentralen Geschäftsführung an meinem Schreibtisch vorbei und verschwand für Stunden in Reinhard R´s. Büro.

Ging wohl um etwas schrecklich Wichtiges.

So gingen die Tage ins Land und der Job machte mir zusehends mehr Spaß.

Was mir nicht so viel Spaß machte, war, dass mein Chef nach dem Besuch von den Oberkopferten bedrückt wirkte, er die Standard Meetings nur gehetzt wahrnahm und für mich weniger Zeit hatte.

Stattdessen saß er Stunden alleine in seinem Büro, verließ als Letzter – noch nach mir – die Agentur und hatte irgendwie enormen Druck auf den Schultern.

Was war nur los, ich konnte es mir nicht erklären. Hanni vermutete schon das Schlimmste, als ich den Entschluss fasste, der Sache nachzugehen.

Bei nächster Gelegenheit, als er mal wieder in seiner Kemenate brütete, klopfte ich an und trat ein.

»Na, Herr R. ganz schön viel zu tun, nicht wahr? Kann ich denn irgendwie helfen?«

Er saß an seinem runden schwarzen Schreibtisch, die ganze Platte voll mit Papieren, Notizen, Zigaretten-Kampagnen und Schachteln von einer bekannten Menthol Zigarettenmarke, die wir aber nicht betreuten. Schließlich hatte die Agentur in Deutschland keinen Zigaretten-Account.

»Kommen Sie rein, und machen Sie bitte die Tür zu. Vielleicht können Sie mir wirklich etwas behilflich sein.«

Ich setzte mich dazu und er erklärte mir ganz vertraulich sein Dilemma.

Vor Tagen hatte Ihn die Geschäftsführung mit der Führung

des aktuell wichtigsten Strategie Pitches – ohne Kreation – eben um die besagte Menthol Zigarettenmarke, betraut.

In drei Wochen sollte Präsentation beim Kunden sein und New York erwartete definitiv, dass die deutsche Niederlassung gewinnt, koste es, was es wolle.

»Seit Tagen denke ich über einen strategischen Haken nach, wie man diese Marke erfolgreich repositionieren könnte, aber irgendwie verfängt keine Idee wirklich.«

Ich bemerkte seine tiefe Niedergeschlagenheit, schließlich lief ihm mit jedem Tag Zeit davon, und das erste interne review meeting war schon in drei Tagen.

»Ich habe mich schon während des Studiums, auch in den Praktika, viel mit Markenpositionierungen beschäftigt, vielleicht kann ich ja eine gute Idee beitragen,« sagte ich und bat ihn, mir die Unterlagen mal zur Einsicht mit in den Abend zu geben.

Reinhard R. entgegnete: »Kein schlechtes Angebot, Sie sind nicht so tief im Thema, eventuell bringt das was.« Er wirkte sichtlich erleichtert und drückte mir die Unterlagen unter den Arm. Die Nachtschicht war gesichert.

Das Thema war wirklich nicht so einfach und ich hatte zwar schon ein recht gutes strategisches Markenverständnis, aber mir fehlte natürlich die praktische Erfahrung.

Ich wurschtelte mich so die Nacht durch und fand auch zwei theoretisch mögliche Ansatzpunkte, die ich am folgenden Tag mit Reinhard R. direkt im regen Gedankenaustausch besprach.

Der erste Ansatz war aus seiner Sicht reine Theorie und eher untauglich, aber an der zweiten Idee war wohl was dran. Die sollte ich nochmal nachschleifen.

Freudig verließ ich sein Büro und setzte mich direkt an die Überarbeitung.

Parallel zu meinem Tun ging mir nochmal unser gemeinsamer Gedankenaustausch am Nachmittag durch den Kopf. Nun, viel kam auf strategischem Gebiet nicht von seiner Seite, er wirkte extrem unsicher und beinflussbar.

Irgendwie wurde auf einmal ein Bild aus der ganzen Sache: Nur Handlingkunden, die wenig strategisches Geschick erfordern, einsames, stundenlanges Brüten ohne Ergebnis, und auch seine für Agenturverhältnisse späte Berufung in eine Führungsposition.

Reinhard R. hatte einen großen Schwachpunkt: Er war kein Stratege. Er war am Limit!

Vielleicht wollte Ihn die Agenturspitzte mit der neuen Pitchaufgabe auch challengen. Ausgang ungewiss...

Ich mochte ihn wirklich und beschloss, alles zu tun, was ich konnte, um ihm beizustehen.

Er hatte mir bisher alle Türen geöffnet, auch zu mehreren internationalen Seminaren. Und förderte mich, wo er nur konnte. Jetzt war ich dran.

Wir trafen uns jetzt täglich und schlossen uns in seinem Büro ein. Die Strategie, die auf meiner Kernidee basierte, wurde runder und nahm recht leicht mit wenigen Korrekturen die Hürden im internen Meeting mit den Großverdienern.

Jetzt stand die Pitch-Präsentation noch an. Die Präsentation wurde gefeinert und auf Top-Niveau präsentationsreif gestaltet. Dann war der große Tag da.

Reinhard R. hatte zwar versucht, mich zu der Wettbewerbspräsentation mitnehmen zu können, aber die Geschäftsführung hatte das abgelehnt, da sie den Teilnehmerkreis der Agenturleute auf ein Minimum begrenzen wollte. Schade!

So harrte ich an dem Tag in der Agentur aus und wartete darauf, zu erfahren, wie es denn gelaufen war.

Nachmittags klingelte mein Telefon und Reinhard R. war dran: »Mensch, wir haben das Ding, die waren total begeistert und da wir die Letzten waren, die präsentiert haben, haben sie sich noch am Tisch für uns entschieden.«

»Ich danke Ihnen sehr, aus Ihnen wird was werden,« sagte er mit berührter Stimme.

Ich sagte nur noch irgendwas mit Super oder so und wir verabredeten uns für den kommenden Tag zum gemeinsamen Feiern.

Ein einfacher Trainee hatte, offiziell unerkannt, einen großen Etat maßgeblich mitgewonnen, auch so etwas gab und gibt unsere Branche ab und an mal her.

Jenny

Wie in nahezu allen kreativen Branchen kann man auch in der Werbeszene eine Vielfalt von interessanten Menschen antreffen. Sowohl im positiven als auch im negativen Sinne.

Und ganz selten begegnet man sogar ganz besonders charismatischen Persönlichkeiten, deren Art oder Auftritt ein ganzes Leben lang in Erinnerung bleiben werden.

Ich habe in den vielen Jahren in der Werbung maximal vier solcher Lichtgestalten getroffen, dafür umso mehr, die sich für eine solche gehalten haben.

Eine der wirklichen Lichtgestalten aber, war Jim B., der damalige Chairman in meiner Startagentur. Doch der Reihe nach...

Seit Tagen war schon eine gewisse Unruhe im Haus zu spüren, als eines Morgens die PA von Jim B., Anni D., die Grande Dame der Agentur, zu mir kam und sagte: »Hast Du schon gehört, nächste Woche kommen die Automanager unseres größten Kunden zum Deutschland Jahresmeeting zu uns, selbst aus Detroit haben sich zwei Kunden angesagt und wir haben brutal viel zu tun – magst Du uns helfen, das Meeting vorzubereiten?«

Ich war sofort wie elektrisiert und fragte: »Ja, gerne, wie kann ich denn mitmachen?«

Anni D. erklärte mir kurz den Sinn des Meetings, klärte mich über die Teilnehmer genauer auf, und übergab mir die Agenda und den zeitlichen Ablaufplan. Ich sollte im Vorfeld einige Dinge vorbereiten, wie z. B. Wettbewerbsanalysen der Hauptkonkurrenten und auch das Protokoll im Meeting, das über zwei Tage gehen sollte, führen. In Englisch natürlich, was selbstredend eine besondere Herausforderung war, würde doch die Mehrheit der Teilnehmer Native Speakers sein, insbesondere natürlich auch der Vorsitzende der Veranstaltung, Jim B. selbst, ein Kalifornier.

Ich hatte bis dato unseren gut fünfzig Jahre alten Chairman nur von weitem gesehen. Eine imposante Erscheinung, sehr groß, mit grauem Vollbart und angegrauten, schwarzen Haaren. Meist trug er einen dunkelgrauen Blazer mit Wollhose und dazu unpassenden Turnschuhen.

Er war vor Deutschland viele Jahre sehr erfolgreich in der Zentrale der Agentur auf der Madison Avenue, New York, tätig gewesen und ein absoluter amerikanischer Top-Werbemann, den die Werbeleute und Kunden weltweit kannten und dem sie vertrauten.

Die ganze Agentur war in vollster Aufregung, d a s Meeting des Jahres stand jetzt kurz bevor. Unser Brot und Butter-Kunde kam, unser Strom, unser Licht, unser finanzielles Dasein.

Da durfte weder in der Vorbereitung noch im Meeting irgendetwas schiefgehen. Höchste Präzision war also angesagt.

Endlich war Donnerstag, der Tag der Tage. Ich half noch beim Kaffeeeindecken im Konfi, als die ersten Kundenvertreter aus den USA und Deutschland sowie Repräsentanten der Agentur und des Auto-Accounts Platz nahmen.

Als Letzter kam natürlich Jim B. und begrüßte alle in seiner wunderbar herzlichen Art. Ein Meeting wie unter Freunden eben, die sich seit vielen Jahren gut kannten und schätzten.

Ich saß aufgeregt weit hinten und versuchte, für mein Protokoll alles gut mitzukriegen.

Das Meeting ging zuerst zügig anhand der abgestimmten Agenda los.

Zum Nachmittag hin verlangsamte sich aber das Tempo, man verlor viel Zeit beim Thema Modellpolitik für Deutschland. Mit der Folge, dass der abgestimmte 16 Uhr -Termin für das Meetingende nicht mehr haltbar schien. Das würde wohl bis in die Abendstunden gehen, dachte ich mir.

Und dann passierte es: Punkt 16 Uhr erhob sich Jim B. von seinem Stuhl und sagte mit gütig blickenden Augen in die Runde: »Sorry guys, we have lost some time today, but now I have to leave, Jenny, my darling, is waiting. See you tomorrow early bird:«

Mir fiel fast der Griffel aus der Hand. Es war einige Sekunden mucksmäuschenstill im Konfi und ich wartete auf den Knall.

Aber es gab keinen Knall, sondern vielmehr ein zustimmendes Klopfen unserer Kunden auf den Tischen, welches immer mehr anschwoll. Verstärkt durch das Klopfen der Agenturmanager.

Einige riefen Jim B. noch die besten Wünsche für Jenny nach – kannten die Amis sie denn womöglich?

Ich war beides: Perplex und völlig fasziniert. Was für ein Auftritt, was für eine natürliche Autorität, was für eine Persönlichkeit. Er ging – und das Meeting war friedlich beendet. Privat vor Geschäft...

Ich habe mir in den Jahren danach immer wieder einmal vorgestellt, was passiert wäre, wenn wir Durchschnittssterblichen in einem Network später so etwas gewagt hätten. Garantiert hätten wir noch am selben Tag den allseits bekannten Pappkarton packen können.

Wie gesagt: Charismatische Persönlickeiten.

Chapeau!

Der weiße Riese

Kurz vor dem Ende meiner Traineezeit hatte ich noch das spezielle Vergnügen, in die intern als Champagner-Unit bezeichnete größte Unit der Agentur wechseln zu dürfen.

Diese hatte die mit Abstand größten, internationalen Kunden aus den Bereichen Auto, Food, Computer/IT, Spirituosen und Banken und machten auch einen Großteil der Wettbewerbspräsentationen (Pitches) für die Agentur.

Geführt wurde sie von einem blassen, technokratischen Geschäftsführer Beratung und einem wahren Exoten, der als GF und Executive Creative Director die Kreation zu verantworten hatte und klar primus inter pares war. Sein Name war Clemens T. – Clemens, ausdrücklich mit C – Diplom-Designer.

Clemens T. hatte man vor kurzer Zeit einer Düsseldorfer Spitzenagentur für ein Heidengeld abgeworben. Und ich weiß nicht, was man ihm damals noch so alles zugesagt hatte.

Clemens T. war ein dynamischer, drahtiger Mittdreißiger, dunkelblond, mit einem schlauen, gebräunten Fuchsgesicht. Eher der filigrane Fechter-Typ.

Sein Faible: Er trug prinzipiell nur weiße Kleidung, die ihm, wenn er über die Gänge schwebte, etwas von einem agilen Chefarzt gab, der natürlich vom ersten Tag an der Schwarm aller halbwegs gut aussehenden Mädels – und auch der anderen – in der Agentur war.

Er strahlte ein unvergleichliches Selbstbewusstsein aus und signalisierte bei jeder Gelegenheit, dass er der Kronprinz des damaligen Chairman, selbst ein Kreativer, war.

Die Unit führte er auch nicht als normalen Geschäftsbereich, sondern vielmehr als sein Herzogtum, gleich einer Enklave, mit seinen eigenen Spielregeln und Ansprüchen.

So hatte er sofort nach Eintritt in die Firma sein 80 Quadratmeter Büro eiligst ganz nach seinem Geschmack umbauen lassen.

Böden raus, Fensterbänke raus, Designer Möbel aus New York rein, alles in weiß und schwarz – war ja nicht sein Geld und sollte alles in allem einen hohen fünfstelligen Betrag gekostet haben. Dabei dachte ich schon mal an mein mageres Traineegehalt, aber das gehört hier sicher nicht hin.

Auch der Firmenwagen, natürlich eine Staatskarosse des größten Kunden des Hauses, passte nicht in seinen Anspruchskatalog, war der ja auch nur von einer Massenmarke, igitt, sodass schnellstens ein Aston Martin, genau, in weiß mit schwarzen Ledersitzen bestellt wurde. In dem durfte auch kein anderer mitfahren. Der ursprünglich vorgesehene Firmenwagen kam dann nur noch zum Einsatz, wenn er offiziell seinen Autokunden besuchte, was aber eher selten war.

So wurde ich ihm dann letztlich kurz vorgestellt. Er wies mich gruppenmäßig, auf freundlich distinguierte Weise Kirsten zu, positionell Account Director, und nach Aussagen von Clemens T., eine der schönsten Frauen der Agentur.

Ein Punkt, mit dem er auch nicht so ganz Unrecht hatte.

Eigentlich war mein Start bei ihm recht positiv verlaufen und wir kamen auch die Folgezeit vergleichsweise ordentlich miteinander aus, warum auch immer.

Dafür erlebte ich in seinem Reich allerdings nahezu täglich Dinge, die einfach für mich so unglaublich waren, dass ich die eine oder andere Schote für die Nachwelt in diesem Buch unbedingt erhalten möchte.

Da war zum Beispiel die Nacht mit der Elli und den Pappen.

Ich hatte auf obersten Befehl von Clemens T. bis spät nach Mitternacht Präsentationspappen an der Schneidemaschine per Hand auf Maß schneiden dürfen. Der Job ereilte mich abends überfallartig, sodass ich noch frisch vom Kundentermin kommend, in einen dunkelblauen Anzug gewandet, dieser handwerklichen Tätigkeit nachgehen durfte. Danke.

Nach Mitternacht saß ich erschöpft vor meinem Werk und wollte schnell nach Hause, als ich auf dem Gang noch Licht sah und Stimmen hörte. Kurz mal den Kopf reingesteckt und da saß sie, Elli – eine der Cheftexterinnen des Hauses – umgeben von ihren kreativen Kollegen und einigen leeren Champagnerflaschen auf dem Tisch.

Elli, eine ziemlich verlebte, schwarzhaarige Kreative, in den frühen Vierzigern, immer eine Spur zu viel mit rotem Lippenstift überschminkt, sah mich und rief:»Ah, der Herr Akademiker, haste kein Zuhause?«»Könntest Dich mal nützlich machen.«

Und dann viel der Satz, der mir heute noch ein Unwohlsein hervorzaubert:»Hol mir doch mal eben noch eine Pulle Champagne aus dem Fridge.«

Mich durchzuckte ein Blitz, das war nicht nur eine Laune von ihr, die wohl eh keine Berater mochte, sondern eine angriffslustige Machtprobe direkt vor ihrem Publikum.

Alle sahen mich abwartend an und Gott sei Dank fiel mir genau jetzt etwas Schlagfertiges ein:»Bin doch nicht Deine Flaschenpost, Elli.«

Ihr Kiefer fiel sichtbar herunter. Widerstand von einem Youngster aus der Beratung. Unfassbar. Majestätsbeleidigung!

Im gleichen Moment fingen alle an zu lachen und ich drehte eiligst den Kopf aus der Tür und zog mich hastig zurück.

Auf die Pulle wartet sie heute noch.

Nicht von schlechten Eltern war auch der Haremsmachtkampf um Clemens T. von Kirsten und ihrer Mitkonkurrentin Linda, ihres Zeichens Art Director.

Während Kirsten eher die kühle Blonde, berechnend und durchtrieben war, gerierte sich Linda, gut zehn Jahre älter, mehr als die naive, hilflos-erotische Lady.

Clemens T. mochte wohl beides und ließ die beiden tagtäglich um die Gunst der Stunde rangeln. Dabei fiel den Aspirantinnen immer wieder neuer Blödsinn ein, hier drei Kostproben:

Linda versuchte sich immer wieder, auch verbal, zum armen »Hascherl« zu machen. Ich bekam einmal auf dem Flur folgenden herzzerreißenden Dialog mit:

Linda zu Clemens T:« Ach, weißt Du Clemens, mit Deinem netten Kommentar hast Du mir vorige Woche wirklich eine neue Sichtweise auf die Kampagne gegeben. Ich war einfach noch nicht so weit, aber wie immer waren Deine Worte wie Balsam für mich.

Du weißt doch, ich würde alles für die Agentur und vor allem für Dich geben, wenn man mich nur ließe.«

Dabei schaute sie ihn mit ihren großen blauen Augen wie immer verträumt an und wartete auf die emotionale Erlösung.

Clemens T. erwiderte mit einem jungenhaften Lächeln nur: »O. K., Linda, setz Dich da heute nochmal dran, dann wird das schon, und wenn Du noch eine Frage hast, komm einfach rein.«

Man konnte ihr Glück greifen: »Gerne, Clemens und vielen, vielen Dank.«

Kirsten wusste um die nachhaltige Gesundheitsorientierung von Clemens T. und spielte die Karte voll aus.

Schon morgens gegen 10 Uhr, Clemens T. war im Regelfall noch nicht einmal in der Agentur, hatte sie seinen Schreibtisch mit Blumen und einer weiße Marmorschale aus Japan mit frischem Obst vom teuersten Obsttürken in Town bestückt.

Dafür fuhr sie gerne einen fünf Kilometer weiten Umweg zur Firma, und das jeden Tag über viele Wochen, bis diese Devotionalien an Grip verloren.

Dafür leistete sie sich, gewissermaßen im Gegenzug und mit Clemens K.s Genehmigung, zweimal die Woche schon gegen 15Uhr die Agentur zu verlassen, um sich ihren Astralkörper in den Bad Sodener Thermen pflegen zu lassen – war ja für einen guten Zweck.

So ging das, zu Gefallen von Clemens T., Monate lang hin und her, bis Linda zum aus ihrer Sicht finalen Schlag um die Gunst ihres Objektes der Begierde ausholte.

Ich weiß es noch, als ob es gestern gewesen wäre. Linda war zu einem Einzelabstimmungsgespräch bei Clemens T. eingeladen und stakste auf roten High Heels auf sein Office zu.

Sie trug einen engen, knallweißen Overall mit einem roten Armani Gürtel, die waren damals so in Mode.

Und, nein, was trug sie denn nur auf dem Kopf...?

Ich schwöre es, sie trug ein kleines, weißes Hütchen in Schiffchen-Form, ähnlich der Teile, die die Stewardessen in den fünfziger Jahren bei Air Bronco trugen auf dem Kopf, während ihre blonden Haare geschickt hochgesteckt waren.

Wirklich sehr sexy. Die Tür ging Stunden nicht mehr auf.....

Ob eines der beiden Mädels am Ende wirklich zu ihrem Ziel gekommen ist? Ich weiß es nicht, Clemens T. war verheiratet und hatte zwei kleine Töchter, die er abgöttisch liebte.

Aber bei den Offerten, hm.

Bei Kundenterminen war es zum Teil auch recht heftig mit ihm. Ich kann mich an einen Termin bei unserem größten Food-Kunden erinnern. Die machten Frischkäse im großen Stil mit irre hohen Marken-Werbeausgaben im TV.

Bei einem Meeting vor Ort, ging es um die wichtige Einführung einer neuen Marke, die echt handgeschöpften Frischkäse anbot.

Darauf wartete mit Sicherheit die ganze Welt.

Die Besetzung der Hauptdarsteller im anstehenden TV-Film, war Gegenstand der hitzigen Diskussion zwischen Clemens T. und dem verantwortlichen Group Head Marketing, Herrn Schulz.

Ich saß mehr oder weniger nur als Stichwortgeber dabei, die wichtigen Leute sprachen die meiste Zeit.

Casting ist immer so eine Sache, als Clemens T. zu Herrn Schulz, einem mittelalten, in einem schlecht sitzenden grauen Anzug steckenden Industriekunden sagte: »Mensch, Herr Schulz, ich habe eine super Idee. Sie treten selbst als Repräsentant in unserem TV Commercial auf. Authentischer geht es doch gar nicht.«

Herr Schulz war nicht abgeneigt und feixte: »Ich selbst, meinen Sie?«

»Ja klar, aber da müssen wir Ihnen natürlich noch ein kompatibleres Outfit als das heutige verpassen, aber verlassen Sie sich da nur auf mich.«

Herr Schulz schluckte, er bewunderte Clemens T. und sagte kleinlaut.« Ja, meine Anzüge kauft immer meine Frau und die.....«

Ich glaubte es nicht, scharf vorbei am Minenfeld. Clemens T. musste eindeutig verrückt geworden sein. Doch die Sache ging letztlich gut aus.

Clemens T. blieb der Agentur noch gut drei Jahre erhalten. Er brachte die Agentur über die Zeit, obwohl er ein zumindest guter Kreativer war, nicht bahnbrechend voran und wurde auch nicht der allseits erwartete König im Haus.

Er war eben am Ende nur ein begnadeter Selbstdarsteller und Exote, den man sich eine Weile geleistet hatte. Der weiße Riese zog weiter.

Zwanzig Jahre später trafen wir uns, fast zufällig, nochmal zum Lunch. Er hatte sich im Grunde nicht verändert.

Kriegstrommeln

Wie geplant wechselte ich nach einiger Zeit innerhalb meiner Starteragentur vom Main zurück an den Rhein in eine noch junge, aufstrebende Dependance.

Ich war gerade Junior Account Executive geworden und sollte dort vor allem das strategische Potential der Agentur unterstützen und mich on the Job weiterentwickeln.

Ich freute mich auf die neue Aufgabe, konnte ich doch so mein Privatleben wieder reharmonisieren und mit Walter P., dem Beratungsgeschäftsführer vor Ort, zusammenarbeiten.

Wir hatten uns schon zu Beginn meines Trainees kennengelernt und das hatte sofort fantastisch gepasst.

Walter P. war ein fröhlicher, sehr gebildeter und humanistisch engagierter Manager,

Mitte Dreißig mit einem kugelrunden Gesicht und schütterem Haar.

Vom ersten Tag an unterstützte er mich, machte mich jeden Tag ein Stück besser.

Sein GF-Kompagnon, der Kreative, war aus anderem Holz. Diplom-Psychologe und ein notorischer Besserwisser. Wir wurden über all die folgenden Jahre nie wirklich warm miteinander.

Ich arbeitete für eine große Universalbank und vor allem auf einem internationalen Reinigungsmittel-Account eines großen amerikanischen Familienunternehmens. Ein globales Engagement der Agentur seit nunmehr zwanzig Jahren.

Dort konnte ich meine guten strategischen Anlagen zügig verbessern und sehr schnell selbstständig arbeiten.

Das klappte so gut, dass ich binnen zwei Jahren zum Account Director aufstieg.

Alles lief nach Plan, bis zu dem Tag, als sich der weltweit oberste Marketingchef des Reinigungsmittel-Kunden zu einem Europabesuch ansagte. Mr. Anderson, ein Amerikaner mit libanesischen Wurzeln und einem schwedischen Namen. Multikulti der Frühzeit.

Natürlich wollte er auch die Network-Agenturen, also auch uns besuchen und so wurden die entsprechenden Termine fixiert und die Review Meetings präzise, inklusive Unterhaltungsprogramm, vorbereitet.

Als täglicher Ansprechpartner des Kunden in Deutschland oblag diese Aufgabe, in Abstimmung mit Walter P., natürlich primär mir.

Dann war es soweit. Nach einem ersten Kennenlernen mit Dinner, was nur mit Mr. Anderson, dem Kunden-Geschäftsführer Deutschland und meinen beiden GF´s stattfand, rückte das Meeting in unserer Agentur immer näher.

Komischerweise erzählte mir Walter P. recht wenig über das erste Treffen. Wäre wohl ein etwas skurriler, verschlossener Typ, der die Märkte und die Handelssituation in Deutschland nicht wirklich gut kannte. Immer sprach er nur davon, was sie in Amerika alles Tolles machten. Das war sein Maßstab. USA first!

Es war ein Donnerstagmorgen, als Mr. Anderson gegen 9 Uhr in der Agentur erwartet wurde. Alles war angespannt, die Präsentationen standen.

Neben den beiden Geschäftsführern sollten auch meine junge Kreativkollegin und ich zeitweise für die Standardpräsentationen dem Meeting beiwohnen.

Ca. 9.20 Uhr zwanzig, klingelte es, und ein kleiner, unscheinbarer Körper betrat unser Haus. Er war so um die Ende fünfzig mit Goldrandbrille, trug eine braune Hose, ein dunkelgrünes Hemd zu einem roten Blazer und braune, abgelaufene Schuhe. An die sollte ich mich noch mein ganzes Berufsleben erinnern.

Das Meeting ging zügig los, natürlich in feinstem Englisch, da Mr. Anderson kein Wort Deutsch sprach.

Ich präsentierte die aktuellen TV-Kampagnen und die laufenden Handelspromotions, als ich merkte, wie Mr. Anderson begann, auf seinem Stuhl hin und her zu rutschen.

Irgendetwas missfiel ihm kolossal.

Und dann kam es herau:. Er regte sich über die im Vergleich zum US-Markt nur geringen Möglichkeiten der Rabattierung von Produkten im Handel auf, die natürlich auch direkte Auswirkungen auf unsere Konzeptionen hatte.

Mit vereinten Kräften versuchten wir mehrfach, ihm die rechtliche, von den USA abweichende Situation, zu erklären – ohne Erfolg.

Sein Gesicht rötete sich langsam und er schnaubte schon etwas, Gott was mochte da noch kommen?

Wir sahen uns etwas ratlos in der Runde an, als er urplötzlich mit näselnder Stimme sagte: »Nonsense, nonsense, you are not professional, it´s your turn to do the things right, not the job of the traders.«

Walter P., ein Menschenfreund, versuchte es noch einmal aus einer anderen Perspektive, aber der alte Mann hörte erst gar nicht zu.

Sein roter Kopf drohte zu platzen, als er auf einmal aufsprang und brüllte: »Shut up, shut up, you all don´t understand my business.«

Eine unheimliche Atmosphäre ergriff den Raum.

Im gleichen Moment zog er sich seinen linken Schuh aus und schlug damit auf den Tisch wie auf eine Trommel. »You are damned, you are all damned,« brüllte er weiter und zeigte, wie es im Orient wohl üblich war und ist, will man jemanden verfluchen, mit der Schuhsohle auf uns alle.

Dann sackte er auf seinen Stuhl zurück. Es war jetzt mucksmäuschenstill im Raum.

Walter P. sammelte sich als erster und sagte ein paar vermittelnde Worte. Gleichzeitig schickte er mich und meine Kollegin raus. Das war jetzt ein Fall für das Senior Management – dachte ich.

Nach knapp zehn Minuten verließ Mr. Anderson grußlos die Agentur.

Und nach sechs Monaten verließ uns auch der gesamte Kun-den-Etat Westeuropa, Richtung englischer Konkurrenz, nach London.

Really damned!

48 Stunden

Abhärtung im Leben kann man sich ja über die verschiedensten Methoden verschaffen.

Ein paar Jahre in der französischen Fremdenlegion, regelmäßige Survivaltrainings im Wald oder auch der monatliche Marathon.

Manchmal reicht aber auch die Beschäftigung in einer amerikanischen Spitzen-Werbeagentur.

Eigentlich fing damals alles ganz harmlos an. Ich hatte wochenlang keine Mittagspause machen können, die Workload war einfach kaum zu schaffen, als ich endlich einmal wieder den Weg zu meinem Lieblingsitaliener fand.

Schnell zurück in der Agentur, strahlte mich ein leuchtend weißer Briefumschlag auf meiner Arbeitsplatte an.

Na nun, dachte ich, gute oder schlechte Post? Sie war von unserem Europamanagement direkt an mich gerichtet.

Ich umkreiste den Brief dreimal, bevor ich ihn aufriss. Und siehe da: es war sehr, sehr gute Post – die Einladung zu einem internationalen Fortbildungsseminar in Sevilla, Spanien.

Man hatte mich in den Kreis der European Young Professionals aufgenommen, einer Truppe, der aus Agentursicht besten Nachwuchstalente in Europa.

Yeah, ich war dabei!

Ich platzte fast vor Stolz und raste erstmal zu meinem Boss, um mich für seine Unterstützung, die zweifelsohne für diese Nominierung nötig gewesen war, zu bedanken.

»Hast du Dir verdient «, sagte er ganz lakonisch und wir freuten uns eine ganze Kaffeelänge zusammen über diesen Schritt.

Drei Wochen später bekam ich das Programm, die internationale Teilnehmerliste und die Flugtickets.

An einem Mittwochmorgen ging es los, vermutlich drei Tage entspannender Austausch und Fortbildung mit den besten Nachwuchswerbern dieser Agentur. Gratis, mit Trainern der Extraklasse und Sonnengarantie.

Die Veranstaltung wurde von vier internationalen Topwerbern der Agentur durchgeführt.

Die Location war wunderschön, ein altes Parador im Hinterland von Sevilla.

Da standen wir, die ausgewählten fünfzehn Boys and Girls, und bezogen je zu zweit sehr schicke Zimmerchen, alles in dunklem Holz und Messing. Mega edel.

Am Mittwochnachmittag, nach einer Vorstellungsrunde und einem tollen Lunch wurden wir informiert, dass wir die folgenden Tage anhand von realen Fallstudien geschult werden würden. Man meinte, wir sollten verschiedene Cases bekommen, deren Lösung wir jeweils in wechselnden Fünfergruppen zu lösen hätten.

Soweit, so gut.

Schnell wurden die Aufgaben in die Gruppen verteilt. Ich erwischte zu Beginn eine sehr fitte Gruppe aus Engländern und Franzosen. Wir verstanden uns sofort bestens.

Das erste Case sollte binnen fünf Stunden bis Mittwochabend gelöst und dann von einem aus der Gruppe kurz präsentiert werden.

Es ging um eine Themenstellung aus dem Spirituosenbereich und machte uns nicht allzu viel Mühe.

Auch die anderen beiden Gruppen wurden rechtzeitig gegen 21 Uhr fertig und präsentierten voller Leidenschaft ihre Ergebnisse.

Leidenschaft war bei allen zu spüren, unterlagen die Gruppen als auch die einzelnen Gruppenmitglieder doch einem Bewertungsraster, welches am Ende des Seminars durchaus Folgen für die weitere Karriere haben könnte. Schlichtweg ein Selektionsmechanismus, der die Besten von den Guten nochmal sichtbar machen sollte.

Nach unserer Präsentation, die wirklich super verlief, dachten wir alle, jetzt kommt der angenehme Teil des Abends. Sangria, olé.

Von wegen, kaum war der letzte Kommentar gesprochen, verteilten unsere Seniors die nächste Aufgabenstellung. Merklich anspruchsvoller als die vorangegangene Aufgabe, aber mit mehr Zeit versehen, nämlich bis zum kommenden Donnerstagmorgen, 10 Uhr!

Wir schluckten und glaubten es kaum. Wir würden wohl die Nacht durcharbeiten.

Gesagt, getan, schon etwas müde, in den frühen Morgenstunden wurden wir rechtzeitig, wie die anderen Kollegen und Kolleginnen auch, fertig.

Präsentation, zwei Stunden Pause, kurzer Lunch, nächstes Briefing.

Diese Aufgabe sollte am Donnerstagabend präsentiert werden. Kein Murren.

Keiner wollte schlappmachen wir ahnten: wir waren in einen regelrechten Torture Test geraten, der aus dem Militärischen entlehnt, gerne auch in den Agenturen angewandt wurde.

Mittlerweile todmüde, präsentierten wir auch die Ergebnisse dieser Aufgabe und ja, wir erhielten Donnerstagabend danach sofort die nächsten Challenge.

Zumindest waren hier knapp vier Stunden Ruhezeit für jeden Teilnehmer eingeplant. Wir wechselten uns mit dem Kurzschlaf und Snacken ab, dann ging es wieder an die Arbeit. Einige vielen schon echt aus dem Leim und stellten die aktive Arbeit ein.

So hielt das Programm am Ende mit einer Aufgabe aus England mit einer Schlusspräsentation für englische Markenkekse bis Freitagabend an.

Die Seniors waren am Ende in der Zusammenfassung des Seminars sehr zufrieden und bestätigten (fast) allen von uns eine formidable Leistung.

Viele von uns sahen wie tot aus, manche schauten apathisch aus dem Fenster, andere schliefen bei der finalen Abschlussbesprechung ein.

Auch ich fühlte mich echt elend und wollte nur noch ins Bett. An die versprochene Sightseeing Tour am kommenden Tag, gewissermaßen als Wiedergutmachung, dachte ich nicht im Entferntesten. Nur schlafen...

Nach vielen Jahren stellte ich fest, dass aus denjenigen, die die Challenge damals erfolgreich durchgestanden hatten, mehrheitlich beruflich auch was geworden war. Einige habe ich sogar auf internationaler Bühne wiedergetroffen. Und worüber haben wir uns unterhalten? Klar...!

Mir selbst hatte diese Grenzbegehung viel gebracht, zu keiner Zeit meiner Karriere hatte ich fortan jemals das Gefühl, dass ich eine herausfordernde Aufgabe unter Zeitdruck nicht erfolgreich bewältigen könnte.

Wer Sevilla »überlebt« hatte, den konnte nichts mehr schocken.

Schamgrenze

Film-Castings, also das Suchen von passenden Models für die TV-Werbung, sind ein besonders anspruchsvolles Kapitel in unserer Zunft. Müssen doch die Darsteller konzeptionell den komplexen Werbekreationen entsprechen und genauen Briefings von Kunde und Agentur folgen:

Besonders pikant sind natürlich Castings für Körperpflegeprodukte, da diese oftmals mit den entblößten Körpern der möglichen Darsteller umgehen.

Wir waren schon seit Monaten mit einem solchen Cast befasst. Es ging um einen TV-Film für die Neueinführung einer ganzen Duschgelrange unseres US-amerikanischen Kunden.

Drei Castings in Deutschland waren schon erfolglos abgebrochen worden. Es fand sich einfach keine optimale Protagonistin für die neue Marke Niagara.

Jung, schlank, eher nordischer, frischer Typ, die sich wie unter einem Wasserfall, mit Niagara sinnlich duschen sollte.

Wir wichen nach Holland aus, da auch dort erfahrungsgemäß recht viele Models mit diesen Anforderungen zu finden waren.

Die Castingrolle lag nun endlich vor und wir luden unseren Kunden eines Nachmittags zur Sichtung der Models ein.

Pünktlich erschienen unsere werten Kunden in der Agentur.

Mustafa Ömer, der Marketingleiter, mit seinem Produktmanager, Herrn Berndes und wer war das denn...Herrn Wutzke, dem Vertriebschef, den wir bis dato noch nicht kannten.

Wir traten mit unserem Creative Director, dem zuständigen Art Director, unserem TV Producer und dem verantwortlichen Filmregisseur an.

Volle Hütte gewissermaßen.

Herr Ömer war ein mittdreißiger Türke mit Oxford Abschluss. Schwarze Haare und schwarzer Vollbart mit Goldrandbrille.

Prinzipiell trug er dunkelbraune Anzüge und dazu passende Schuhe in hellbraun.

Ein gebildeter, angenehmer Gesprächspartner, der immer der Sache eng verbunden war , jedoch ein wenig schüchtern und verhalten. Verheiratet, ohne Kinder, war er mit einer US-Amerikanerin, namens Ilana. Die stammte wohl, nach seiner Schilderung, aus einer alten Sektensippe.

Herr Wutzke erschien mir als das krasse Gegenteil. Ziemlich dick, mit Schmierbauch, dessen weißes, ungebügeltes Hemd über dem selbigen hing.

Dazu ein fettes Schweinegesicht mit kleinen, listigen Schweinsäuglein, die sich ständig hin und her bewegten. Und Händen, klobig groß wie Dartscheiben.

Die sprichwörtliche Vorurteilsversion vom pragmatischen Außendiener.

Nach dem ersten Kaffee legte ich die erste von drei Castingrollen ein.

Mit starren Gesichtern wurden die ersten Models beglotzt.

Die Models mussten auf einer Bühne mit freiem Oberkörper gestische Bewegungen machen, als ob sie duschen würden. Arme hoch, drehen...

Plötzlich dröhnte Herr Wutzke lüstern: »Haben Sie auch Rothaarige dabei?«

Unser Creative Director erinnerte Wutzke postwendend nochmal daran, dass wir doch gemeinsam einen eher nordischen Typ suchen würden, was den erstmal verstummen ließ.

Die Rollen wurden weiter durchgesehen, einzelne Models auf ihren Fit hin diskutiert und eine erste Liste mit in die engere Wahl kommenden Kandidatinnen erstellt.

Herr Berndes sagte übrigens das ganz Meeting gar nichts, sondern delektierte sich sichtbar an den vielen nackten Tatsachen und überließ seinem Chef das Reden.

Im Verlauf der letzten Rolle meldete sich aber Wutzke nochmal, leicht schwitzend, zu Wort: »Ich finde, wir sollten eine mit großen Brüsten und langen Ni...« Weiter kam er nicht, da Herr Ömer ihn genervt unterbrach: »Willi, wir suchen hier keine Frau für dich, sondern ein Erfolgsmodell für unseren Film.«

Das hatte gesessen. Wutzke grunzte, und war bis zum Ende der Veranstaltung weitgehend still. Wir einigten uns schließlich auf eine brünette Holländerin mit einem hübschen Gesicht und kleinen, festen Brüsten, Cindy. Der Dreh konnte die kommenden Tage in die finale Planung gehen.

Der anschließende Filmdreh, drei Wochen später, verlief professionell und völlig unspektakulär.

Herr Ömer konnte aus Zeitgründen zwar nicht mit zum Set, wartete aber, nachdem der Film geschnitten war, händeringend auf die ersten Schnittversionen, da er diese auf einem internationalen Treffen seiner Firma schon mal vorab zeigen wollte.

Ich legte mich bei den Filmleuten voll ins Zeug, sodass uns die ersten Schnittversionen tatsächlich in Rekordzeit in der Agentur erreichten.

Herr Ömer war an dem Tag zwar zu einer kurzen Geschäftsreise aufgebrochen, bat uns aber, ihm die TV-Rollen mit den Schnittversionen per Kurier nach Hause bringen zu lassen, sodass er noch am Abend seiner Rückkehr einen Blick darauf werfen könnte.

Er machte jetzt richtig Druck.

Bevor die Rollen unsere Agentur Richtung Mustafa Ömer verließen, schaute mein Art Director kurz drauf – ich Blödmann übrigens aus subjektiv erlebtem Zeitmangel nicht und gab mir grünes Licht für die Auslieferung der Ware.

Just in time, würde man wohl sagen.

Der kommende Tag war ein sommerlicher Sonnentag, ich hatte soweit alles im Griff und da passierte es:

Mein Telefon klingelte wie wild und Herr Ömer war dran.

Er sprach nicht, nein, er schrie ins Telefon:»Sind Sie wahnsinnig geworden, was haben Sie mir nur geschickt. She could see the pubic hairs!« »Ilana is totally terrified to see such visuals. Hell, she is going to quit me. Kommen Sie sofort mit den richtigen Schnittversionen persönlich bei mir zu Hause vorbei. Heute Abend noch, otherwise you´ll loose the account, definitely. «

Ich saß perplex im Stuhl, Schweiß ran mir von der Stirn und ich ahnte, was passiert war: In der Eile hatte die Filmbude nicht den richtigen Bildausschnitt geliefert. Man konnte die Schamhaare von Cindy sehen. Besser gesagt, Ilana hatte sie gesehen. Schamhaare und Sekte – das ging gar nicht.

Sie glaubte jetzt wohl, dass ihr Mustafa unkeusche Filme drehen würde.

Und ich hatte aus Bequemlichkeit den Check der Versionen nicht vorgenommen. Oh shit!

Ich setzte kurz meinen Chef über den Eklat in Kenntnis. Natürlich fand er diesen Lapsus nun gar nicht komisch und jagte mich nach vorn.

Als zweites legte ich die Schlinge um den Hals unseres Art Directors und zwang die Filmheinis, mir binnen zwei Stunden neue Schnittversionen, ohne pubic hairs zu liefern.

Gott sei Dank saßen die vor Ort und begriffen den Supergau sofort.

Ich bin dann abends zur Familie Ömer gefahren, habe die Rollen ausgetauscht, den Fehler zu meinem gemacht und Ilana auf den Knien beschworen, mir nicht mehr böse zu sein.

Anfangs leicht amerikanisch, Ostküsten – zickig, sagte sie dann am Ende doch die magischen Worte: »O. K guy, I got it, was your mistake, wanna coffee? »

Als ich eine Stunde später das Haus von Ömers verließ, war ich zehn Jahre älter geworden und um eine Erfahrung reicher: Man sollte sich nie auf Andere aus Bequemlichkeit verlassen, sondern alles, was man verantwortet, auch selbst rechtzeitig checken. Vertrauen ist gut, Kontrolle ist besser!

Und das Verhältnis zu Herrn Ömer? Spielte keine Rolle mehr, er wurde versetzt. Check!

Geldadel

Es war die Goldgräberzeit.

Die Zinsen waren hoch, die Kunden rannten einem die Bude ein, Spesenrittertum war Standard und die Dienstwagen vom Feinsten. Es wurde richtig unverschämt viel Geld verdient.

In der Werbeagentur? Natürlich nicht, sondern im Bankengeschäft.

Insbesondere die drei führenden Großbanken verdienten sich dumm und dämlich.

Jede Arroganz war erlaubt, jede großspurige Attitüde im Kreis der edlen Banker geduldet.

Wir hatten mit Fleiß und Geschick eine dieser Monetentürme an Land gezogen.

Erstmal für einen Projektauftrag, aber was für einen! Den jährlichen Geschäftsbericht, die heilige Kuh in jeder Vorstandsetage.

Bevor es an die Arbeit ging, hatte man uns in die Zentrale eingeladen. Wir sollten Stallgeruch aufnehmen und sicher auch sehen, wie groß und übermächtig unser neuer Vorzeigekunde war.

Empfangen wurden wir, d.h. unsere beiden Geschäftsführer und ich, zum Lunch im firmeneigenen Direktoren-Casino, ein besseres zwei Sterne Restaurant mit befrackten Obern und sagenhaften Menues.

Unser Gastgeber war Herr Lobinger, der oberste Chef der Abteilung Unternehmenskommunikation und Werbung.

Ein kleiner, flinker Mann in den Fünfzigern. Bestens in dunkelgrauen Zwirn gewandet und mit allerbesten Manieren.

Er war der persönliche Adlatus einer der für Kommunikation verantwortlichen Vorstände.

Nach dem Lunch, an dem ich als einfacher Account Director normalerweise hätte nie teilnehmen dürfen – und dann noch im Direktoren Casino – ging die Hausführung los.

Von unten nach oben, bis unter das Dach gewissermaßen, wurde der Prachtbau zelebriert, fast so, als ob Herr Lobinger den selbst entworfen hätte.

Wir kamen ins oberste Stockwerk und Herr Lobinger zeigte voller Inbrunst nach oben auf die nagelneue, weitläufige Edelholzdecke, die mit eingelassenen Intarsien des Firmenlogos versehen war.

In diesem Moment räusperte sich mein Chef und sagte: »Herr Lobinger, das ist aber komisch. Hier und da sieht Ihr Logo aus, als ob es spiegelverkehrt eingebaut worden wäre. Soll das so sein?«

Lobinger schaute verdutzt weiter nach oben und sah auf einmal das Desaster, was ihm bis dato wohl verborgen geblieben war.

»Ich glaube es nicht, Sie haben Recht. Meine Güte, was ist denn da passiert?«

Schnell fing er sich und meinte herablassend: »Da werden die bis zum Vorstandsabnahmetermin wohl nochmal nachbessern dürfen. Gut, dass Sie so aufmerksam waren.«

Der Tag nahm seinen Lauf, Lobinger setzte unterwegs bereits die Handwerkertruppen in Gang und bestellte Horden von Spezialisten für den kommenden Morgen.

Wie ich später erfuhr, hatte diese kleine Nachlässigkeit unseren Kunden knapp eine Million extra gekostet. Peanuts.

Wochen später kam eine Delegation der Bankfürsten zu uns, um den Geschäftsbericht genauer zu briefen.

Sie bestand aus einem Bereichsvorstand, Herrn Dr. Bräunlein, Herrn Lobinger und einem Vorstandsassistenten, der die handwerkliche Schmutzarbeit machen musste.

Dr. Bräunlein war ein feister Banker der alten Schule. Anfang fünfzig, mit dunkelblauem Maßanzug, Maßschuhen und einem goldenen Siegelring. Typ Sugar Daddy.

Unser Team war das gleiche wie beim Zentralenbesuch. Meine Wenigkeit durfte dabei sein, da ich in deren Haus vor meinem Studium eine Banklehre absolviert hatte und damit als halbwegs adäquat empfunden wurde.

Kurz nach Mittag trafen die hohen Herren ein.

Herr Dr. Bräunlein hatte sich selbstverständlich von seinem Fahrer, Herrn Wolf, fahren lassen.

»Wolf, Sie warten im Auto bis ich nach Ihnen verlange, verstanden?« Herr Wolf trollte sich, kannte er wohl die herrische Art seines Herren und Meister.

Da es keinen Lunch gab, hatten wir unseren besten Konfi gewählt und die teuersten Pralinen einer stadtbekannten Confiserie mittig auf dem Tisch platziert. Köstlichkeiten von Weltruhm.

Handgemachte Champagnertrüffel, Nougatecken und vor allem die neuen, unvergleichlichen Krokantkugeln mit leichter Braunzuckerbestreuung. Herrlich, einfach nur herrlich.

Das Meeting wogte in geschäftsmäßiger Atmosphäre hin und her. Dr. Bräunlein ließ keinen Moment aus, seinen Status arrogant und überheblich als Vorstand der Bank auszuleben.

Sollten die armen Werbeschlucker doch froh sein, mit derart erlauchtem Publikum überhaupt am Tisch sitzen zu dürfen. Und das für dieses Megaprojekt – den Geschäftsbericht der Bank.

Herr Lobinger und der Assi hielten sich vorsichtig zurück, assistierten bei Bedarf in absteigender Rangbedeutung bei den Fakten und Vorgaben.

Wir schrieben, also ich, alles sorgsam mit, um später nur keinen Fehler zu machen. Schließlich drohten bei erfolgreichem ersten Projekt weitaus lukrativere Aufträge für unsere Agentur.

Die Pralinen – Devotionalien gingen gut weg, insbesondere Herr Dr. Bräunlein war wohl ein Süßer und schippte sich die Teile eifrig in den gierigen Schlund.

Gerade wieder griff er sich ein Stück des süßen Glücks, eine Krokantkugel, und ließ sie genussvoll in seinem Mund verschwinden.

Und dann geschah das Unbegreifliche: Er bewegte plötzlich hastig den Kopf vor und zurück, räusperte sich lautstark und spuckte die angefressene Krokantkugel katapultartig auf den Tisch mit der weißen Tischdecke, wo sie ausrollte und mittig für alle sichtbar liegenblieb.

Absolute Stille!

Dr. Bräunlein reagierte als erster geistesgegenwärtig und stammelte: »Booh, ist die hart!«

Das Klima im Raum entspannte sich schlagartig, jedoch kein Lachen, kein weiterer Kommentar, die Situation war grotesk genug.

Man ging schnellstens zum nächsten Punkt der Tagesordnung über.

Herr Dr. Bräunlein griff sich an diesem Nachmittag keine weitere Kugel mehr und wir hatten, wie sich Wochen später herausstellte, ein absolutes Katastrophenprojekt gezogen, über das ich an dieser Stelle lieber nicht weiter berichten möchte.

Vielleicht ein anderes Mal. Vielleicht...

Zechtour

Wie heißt es so schön: Man sieht sich immer zweimal im Leben. Stimmt.

Genau das ist Christian und mir passiert.

Wir hatten uns noch zu meiner Traineezeit kennengelernt. Er stieß zu uns als hoffnungsvoller Drei-Monats Praktikant. Ein unkomplizierter, lebenslustiger Mensch, Typ Robert Redford für Arme, ein echter Münchner Jung mit charmantem bayerischen Dialekt.

Da wir beide fern der Heimat, Freunden und Freundinnen waren, unternahmen wir in der knappen Abendfreizeit viel zusammen. Meist waren das die üblichen Kneipenzüge durch die einschlägigen Frankfurter Musikkneipen und Kellerlokale.

War eigentlich immer ganz lustig, vor allem als Ausgleich zur täglichen zehnstündigen Fronarbeit in der Agentur.

Wir kamen recht gut miteinander aus, jedoch missfiel mir, dass er oft viel zu viel tankte und sich dann als wirklich derber Schürzenjäger produzierte.

Nun, nach der kurzen gemeinsamen Zeit trennten sich unsere Wege wieder und wir verloren uns aus den Augen.

Ein paar Jahre später liefen wir uns aber tatsächlich wieder über den Weg. Und das kam so:

Wir waren in der Agentur seit Kurzem für einen sehr bedeutenden internationalen Waschmittelkonzern tätig.

Ich hatte vor Tagen gerade als Account Director auf eine ihrer wichtigsten Marken gewechselt, als Mr. Bowman, deren Deutschlandchef, uns mit einer echt herausfordernden Aufgabe betraute.

Mr. Bowman war die ewige langweilige Waschmittelwerbung leid und wollte neue Wege gehen. Waschmittelwerbung des neuen Jahrtausends, emotional und mit den üblichen Regeln brechend sollte es werden.

Dafür verabredete er mit unserem Management in Deutschland, eine Task Force aus jungen Talenten beider Firmen aufzustellen, die ohne Scheuklappen innerhalb von acht Wochen ein solches kreatives Konzept aus dem Boden stampfen sollten.

Geld spielte dabei keine Rolle. Wir waren geflashed!

Tage später stellten wir unsere Mannschaft bestehend aus Bernadette, Art Director, Pavel, Copywriter und mir auf.

Mr. Bowman rollte dann mit seiner Truppe zum Kick-off Meeting an: Annika, Junior Produktmanagerin und – unfassbar – Christian als frischgebackener neuer Produktmanager auf der Marke, der als Letzter grinsend durch die Tür kam.

Zwischenzeitlich hatte er wohl seinen Weg auf der Industrieseite gemacht, was voll an mir vorbeigegangen war. Er sollte auch Projektleiter sein. Mein Kunde Christian...

Natürlich freuten wir uns, uns nach langer Zeit und dann unter solchen verheißungsvollen Bedingungen wiederzusehen.

Unser Team passte gut zusammen und wir kamen in den folgenden Wochen extrem schnell auf die entscheidende Konzeptionsidee.

Der Kerngedanke des Filmkonzeptes wurde aus einer Fantasiewelt entlehnt, die aber eine erstaunlich biotische Erdung in die Welt der Verbraucher und des Waschens zuließ.

Schlicht ein geiles Konzept, was uns auch Mr. Bowman bei der Zwischenabstimmung attestierte.

Schnell war das Animatic (gefilmtes Storyboard) gefertigt und wurde im Anschluss bestens beim Verbraucher getestet. Bingo!

Eines Morgens rief mich Christian an und sagte: »Bowman ist ganz aus dem Häuschen und hat das ganze Team nach Hamburg eingeladen. Wir sollen als Team mal richtig einen draufmachen. Was hältst du von einem gemeinsamen Kneipenzug so wie früher? Sankt Pauli?«

Nach Abstimmung mit meinen Kollegen sagten wir freudig zu.

Der Abend kam, ich glaube es war im Sommer, und wir rauschten benebelt vom Erfolg, von einer Kneipe in die andere.

Christian, so kannte ich ihn ja, soff wie ein Loch und war im Gegensatz zu uns schon nach zwei Stunden Sternhagel voll.

Auf einmal sagte er: »Ist doch langweilig, lasst uns mal in die Table Bar gehen, da gibt es den besten Strip in Town. Mit allem Drum und Dran.«

Gesagt getan, wir alle wollten ja keine Spielverderber sein, stolperten wir kurze Zeit später in den Club hinein. Schummriges Rotlicht, gut besetzt, mit einer in blau getauchten Aktionsfläche, wo sich zu einschlägiger Barmusik, zwei Akteure langsam ihrer eh schon spärlichen Klamotten entledigten. Sie, eine üppige Schwarzhaarige und er, Modell tätowierter Brutalo.

Wir bekamen einen Tisch direkt unterhalb der Bühne zugewiesen, sodass man auch alles gut mitkriegte.

Die ersten Runden Wodka wurden von Christian geordert. Einige, sehr viele, sollten noch folgen.

Er fühlte sich sichtlich zu Hause in diesem Etablissement, wir eher weniger, insbesondere Bernadette und Annika schluckten, zumindest vordergründig, bezüglich der sich steigernden Action auf der Arbeitsfläche.

Irgendwie ging es Christian aber nicht schnell genug mit den Beiden dort oben vis-a-vis. Er goss den Wodka immer schneller in sich rein, die Gesichtszüge verzerrten sich zu einer geifernden Fratze, die blauen Augen traten fast glubschartig hervor, als wir ihn lauthals brüllen hörten. »F....., f....., so f... die Alte doch endlich.«

Ich beziehungsweise wohl auch wir glaubten zu träumen. Was ging denn jetzt ab? Den Mädels stand der Mund offen.

Christian stemmte sich unvermittelt aus seinem Sitz hoch und warf sein Wodkaglas auf die Bühne. Wieder rief er: »F... sie richtig durch.«

Unser Umfeld wurde langsam aufmerksam und begann zu murmeln, als Christian und uns jeweils mehrere kräftige, tätowierte Arme mit Gewalt aus den Sitzen hochzogen und unter Androhung weiterer »nichtbezahlter« Dienstleistungen aus dem Lokal auf die Straße beförderten.

Die Passanten schauten uns ziemlich mitleidig an, als Christian lallte. »Und jetzt gehen wir alle zusammen in den Puff, nicht wahr Annika?«

Wir gingen nur noch völlig konsterniert zum nächsten Taxistand und Pavel und ich stopften den wild um sich schlagenden Christian ins Auto. Ab nach Hause. Cut.

Das Ende dieser Geschichte ist eigentlich schnell erzählt.

Ab dem nächsten Tag war alles anders. Der Teamspirit war irgendwie zersprungen. Christian tauchte völlig ab. Keiner wollte mit keinem, auch nicht mit Christian, über den Abend reden. Wir schwiegen alle unabgesprochen dazu, alles wurde feige unter den Teppich gekehrt. Die ganze Situation war hochpeinlich. Letztlich brach aber dann doch wohl das geschäftliche Kunden-Agenturverhältnis durch. Form wahren.

Wir brachten den Job schließlich noch klinisch zu Ende. Da Mr. Bowman überraschend nach Asien abberufen wurde, erschien unser Werk dann doch nicht auf dem Sender. Alles umsonst.

Sein Nachfolger, ein rothaariger Ire, hatte nicht die Eier in der Hose und setzte weiter auf Waschmittel-Pantoffelkino. Schade.

Nach dem Projekt trennten sich die Wege von Christian und mir endgültig. Wie ich später zufällig hörte, hatte er noch promoviert und sehr spät geheiratet. Eine Indianerin.

Christian ist heute ordentlicher Professor an einer Hochschule in Deutschland.

Mehr ist weniger

Stetig ist der Wandel.

Die Zeit war reif und das Headhunterangebot auch. Ich verließ die Agentur und wechselte zur Ortskonkurrenz, ebenfalls einer großen internationalen, sehr traditionsreichen Agenturgruppe, die vor allem im Führen globaler Etats ihren Schwerpunkt sah.

Geleitet wurde die Dependance von Jan J., einem schneidigen österreichischen Managing Director, der auch erst gerade die Verantwortung für den Laden übernommen hatte und neue, frische Leute suchte.

Ein sehr angenehmer, anständiger Mensch, der mir später im Leben nochmal sehr hilfreich zur Seite stehen sollte.

Mein zentraler Kunde, war ein großer, nationaler Etat aus der Duft- und Pflegeindustrie. Mit einer bekannten Hersteller-marke, unterhalb der sehr viele bekannte neue und alte Einzel-marken subsumiert waren. Seit Jahrhunderten im Familienbe-sitz und entsprechend geprägt, ein alter Duftmoloch mit einem völlig überalterten, zähen Schnarch – Management.

Die lebten noch in den Sechzigern.

Die entsprechende-Agentur Unit, ebenso mit alten, langjäh-rigen Kräften ausgestattet, wurde von Dettmar Z., einem Ma-nagement Representative, angeführt.

Ein kleiner Sitzriese von maximal 1.60 Länge und einem selt-samen Kopf mit einem geschrumpften Kannibalengesicht.

Seine Attitüden entsprachen voll und ganz den Vorurteilen über Kleinwüchsige.

Mit diesem verschworenen Club der »Bewahrer« hatten es mein Kollege, ebenfalls Senior Account Director – ein pöbeliger Westerwälder – den man aus unerfindlichen Gründen »Gummi-nase« nannte, und ich fortan zu tun.

Davon hatte mir Jan J. natürlich bei der Einstellung nichts erzählt. Vielmehr sollte ich als strategischer Kopf den Account konzeptionell etwas vertikutieren, er würde mir schon dabei helfen. Wäre eine dicke Chance, um weiter schnell voranzukommen. Na, dann...

Vom ersten Tag an, nach eingehender Analyse des nicht vorhandenen Researchmaterials, schrieb ich Strategiepapier über Strategiepapier, um frischen Wind in die Marken zu blasen.

Dettmar Z. boykottierte allerdings die selbigen mit großem Eifer und räumte auch keine Termine zu solchen Themen beim Kundenmanagement ein. Die waren sich einig: Alles sollte bleiben wie es war. Bequemer ist besser. Und das seit gut zwanzig Jahren.

Auch die Unterstützung von Jan J. blieb eher auf einem moralischen Niveau. Natürlich wollte der die alten Recken auf dem wichtigsten nationalen Etat des Hauses nicht über die Gebühr ramponieren. Mehr so eine Nadelstichtaktik und ich mittendrin.

Nach Wochen wurde es mir zu bunt und ich unterbrach mein ständiges Anrennen gegen die Duftmauern erst einmal.

Das wurde auch nötig, da sich am Horizont der alljährlich gefürchtete Jahrespräsentationstermin näherte.

Da sollte etwas auf mich zukommen, was ich mir in den kühnsten Träumen in meiner ehemaligen akademisch geprägten Vorgängeragentur nicht hätte vorstellen können.

Dazu muss ich zum besseren Verständnis etwas ausholen:

Unser Duftkunde machte eigentlich relativ wenig TV und nur dosiert Print-Werbung.

Wesentlicher Treiber für das Geschäft waren vielmehr die vier Hauptverkaufsrunden und Sonderverkaufsrunden im Handel, bei denen die Umsätze mit den Konsumenten vor Ort stimuliert wurden. Sei es über Sonderdisplays, Promotions, neue Umverpackungen oder neue Geschenkpackungen und das zu den verschiedensten Anlässen.

Diese biblische Flut von Werbematerialien wurde seitens der Agentur nach Briefing ca. ein Jahr vor Einsatzbeginn entworfen und präsentiert. D.h., für jede Marke, für jedes der Tausenden von Produkten mussten kreative Entwürfe in bis zu drei Varianten gemacht werden. Und das war der Hammer: Jede neue Umverpackung, Geschenkpackung etc. sollte in drei D körperlich als Layout gebaut werden. Und zwar in einer Reinlayoutqualität, sodass man das Stück vom späteren produzierten und gedruckten Teil kaum unterscheiden konnte.

Anders konnten sich wohl die Altväter der Kunden das alles zur Entscheidungsfindung nicht vorstellen. Purer Wahnsinn!

Für diese Herkulesaufgabe wurden im Kern Dutzende von festen und freien Art Directors beschäftigt. Dazu über zwanzig Reinzeichner, die per Hand Tag und Nacht –Digitaltechnik gab es ja noch nicht – die Kreativentwürfe physisch basteln durften.

In der Zeit, ich erinnere mich noch genau, stellten die Reinzeichner einmal einen Eilantrag über den Betriebsrat, ihnen zur Vermeidung von Hämorrhoiden Plastiksitzringe zu besorgen, anderenfalls würden sie gehen. Unter uns: Einige brauchten den Ring eigentlich schon gar nicht mehr.

Diesen ganzen kreativen und logistischen Irrsinn hatten »Gumminase« und ich, mit Unterstützung unserer von uns geteilten PA nahezu alleine am Hals.

Dettmar Z. hielt sich nach den Briefings bis zu den ersten internen Vorpräsentationen, weitgehend aus der Tagesarbeit heraus und beschäftigte sich lieber mit der Unterhaltung seiner langjährigen Kundenfreunde, sei es beim Lunch oder gerne auch bei teuren Abendveranstaltungen.

Er sagte einmal zu mir in der Hochphase: »Sie als Arbeitsebene kümmern sich bitte um das ganze leidige Projektgeschäft, ich habe mit den strategischen Fragestellungen auf diesem Kunden schon reichlich genug zu tun.« Feixte er und entschwand.

Das Arbeitsausmaß vor der Jahrespräsentation entwickelte sich mit jedem Monat mehr exponentiell. Zwölf Stunden-Arbeitstage waren die Norm. Besonders die ständigen Kunden-Briefingkorrekturen machten es phasenweise unerträglich.

Hier zwei besonders groteske Episoden als abschreckende Beispiele:

Eines Morgens rief mich Frau Dierhagen, eine junge Junior Produktmanagerin, ganz atemlos an.

»Gut, dass ich Sie erreiche. Wir hatten gerade die Geschenkpackung Nummer 23456 intern nochmal besprochen, Sie wissen, die mit der kleinen Phiole und dem kleinen Seifenstück, und dabei tauchte die Frage auf, ob wir die Goldrandverzierung auf der Vorderseite der Umverpackung ein oder zwei Millimeter breit gestalten sollten. Ist doch eine Frage der Wertigkeit, nicht wahr? Wie sehen Sie das denn unter langfristiger markenstrategischer Sicht?«

Mir fiel nichts mehr ein als die Klassifizierung: »Dumm wie Brot«. Sorry!

Das wurde aber Tage später noch von ihrer Kollegin, Frau Waidmann, bei weitem übertroffen.

Ich hatte morgens gerade meine Arbeitsplatte in Betrieb genommen, als mich Frau Waidmann, ihres Zeichens Senior Produktmanagerin, aus der Büroroutine klingelte:

»Sie müssen sofort kommen, Herr N. – der Marketingleiter – hat mir gerade das Etikettengestaltungs-Briefing für unsere EDP Kristall-Imitations-Flasche abgeschossen.

Da müssen Sie für die Jahrespräsentation sofort ran.« Panik pur.

Ich hatte an diesem Tag noch zwei Stunden Zeitreserve und sagte ihr mein Kommen noch bis zum Mittag verbindlich zu. Wenn es eben schon so brennt...Und dann eine Etikettengestaltung, muss schon sein.

Vierzig Minuten später schlug ich bei Frau Waidmann auf – in Erwartung, wenigstens ein präzises Briefing für dieses Großprojekt zu erhalten.

Frau Weidmann, eine kleine, schwarzhaarige Dicke mit Wurstfingern, rollte in den Konfi.

Sie trug eine kleine graue Pappkiste vor sich her. »What´s that?«, dachte ich.

»Ach, schön, dass Sie da sind.«, plapperte sie los. »Heute geht auch alles schief, und ich fliege doch in vier Stunden schon nach Mallorca. Leider kann ich Ihnen das neue Briefing jetzt nicht mehr schriftlich geben, aber ich habe Ihnen alles mitgebracht.«

In diesem Moment kippte sie den Inhalt des Kartons klirrend auf den Konferenztisch.

Dutzende von Etiketten aus den letzten Verkaufsrunden sowie die dazu passenden Glaskörper kullerten über den Tisch.

»So, hier sind die alten Etikettenlösungen mit den Fläschchen. Einfach mal mit den Kreativen anschauen und was Neues kreieren.« Dabei strahlte sie einfältig über das ganze Gesicht.

Ich stotterte nur noch: »Na prima, dann wollen wir mal.«

Das Gespräch war nach gefühlten drei Minuten achtundvierzig beendet. Mallorca konnte kommen. Ole!

Völlig platt – und das galt für das gesamte arbeitende Agenturteam – standen wir dann endlich einen Tag vor der großen Präsentation, dem wichtigsten Jahrestermin für unser Haus, hing doch vom Ergebnis und Erfolg des Meetings der weitere Bestand unserer Dependance ganz wesentlich ab. Ein Millionengeschäft.

Wir räumten die Tausenden von Pappen und die 3 D-Werkstücke zusammen in unser Foyer. Erst jetzt wurde uns sichtbar klar, was wir nicht nur qualitativ sondern auch volumenmäßig, über die Monate auf die Beine gestellt hatten. Gigantisch viel auf jeden Fall.

Mit der Logistik zum Kunden war ich noch nicht vertraut, als ein Kollege rief. »Der LKW kommt gleich, wir können dann aufladen lassen.«

Kein Scherz, der ganze Kram wurde schließlich von fleißigen Händen, unter eine Regenplane auf einen LKW verladen und zum Kunden gekarrt. Ich saß mit vorne. Truckerromantik pur.

Am kommenden Morgen, Punkt neun Uhr, begann der auf drei Tage angesetzte Präsentations-Marathon.

Wir enterten pünktlich den Festsaal, groß wie eine kleine Aula nur ohne Fenster. Wir kamen mit Jan J., den verantwortlichen Kreativen sowie Gumminase und mir.

Die Inhaberfamilie und das Kundenmanagement erwarteten uns schon. Es sah aus wie vor einer Kleinkunstbühne. Überall Schachteln und Pappen. Davor die Stühle in fünf dichten Reihen. Zentral ein Pult mit Mikrofon für den Zeremonienmeister, meistens der Marketing- oder Werbechef unseres Kunden.

Der Werbechef trat ans Pult und sagte: »Guten Morgen meine Damen und Herren, scheint ja mal wieder alles fertig geworden zu sein.« Dabei lächelte er zynisch. »So wollen wir gleich beginnen. Wie immer mit unserem besten Stück. Ich rufe auf die Verkaufsrunde eins für die Marke Dödelduft. Geschenkpromotion Nummer 12345. Duftflacon mit Seife in der einfachen Geschenkpackung mit Kordel zum EVP von sieben Mark und fünfzig.«

In diesem Moment sprang Gumminase wie von der Tarantel gestochen auf und zeigte unter Hinweisen auf die besondere Gestaltung die Geschenkpackungsbox in die Runde.

Dann wurde öffentlich, kundenintern laut abgestimmt. Zum Teil mit despektierlichen oder auch bewundernden Worten. Daumen rauf – Daumen runter.

So einfach ging das.

Ich durfte den Rudi Carrell mit meinen betreuten Marken ab dem Nachmittag machen.

Zwischenzeitlich im Meeting dachte ich, niedriger könne man als Agenturmann eigentlich nicht fallen.

Wobei ich mich aus heutiger Sicht damit damals schwer geirrt hatte.

Fazit: Die Schlacht im Duftkollosseum lief recht ordentlich, wir behielten alle unseren Arbeitsplatz, einen Platz, den ich in dieser Konstellation nun aber schnellstmöglich loswerden wollte. Das war nun mal klar.

Stetig ist der Wandel!

Wadenbeißer

Vielleicht haben Sie, liebe LeserInnen, das auch schon mal in ihrem Berufsleben erfahren. Sie rackern sich ab, sind bei Kunden und Kollegen anerkannt und machen den Job, nach eigener Ansicht, auch ziemlich gut.

Das einzige Manko ist, Sie zerschellen nahezu bei jeder Gelegenheit an ihrem direkten Vorturner. Kein Lob, kein Rückhalt, nur pure Unberechenbarkeit und Eiseskälte.

So ist es mir selbst einmal mit Winfried B. widerfahren, aber der Reihe nach:

Ich wollte in der Agentur wieder auf internationalem Klientel arbeiten. Strategisch und professionell, am liebsten mit vielen schönen Reisen und weltgewandten Kunden.

Mein damaliger Managing Director erhörte mein Flehen und versetzte mich in die Unit von Winfried B.

Winfried B. – Management Representative – führte eine internationale Beratungseinheit des Hauses. Gut in den Vierzigern, ein schwarzhaariger, untersetzter, blasser Mann mit furchtbar schlecht sitzenden Anzügen und immer abgelaufenen Discounter-Halbschuhen.

Aber am auffälligsten waren seine kugelrunden, unruhigen Knopfaugen, die wie bei einem Püppchen immer hin- und her gingen.

Egal, er saß auf den Etats meiner Begierde. Softdrinks, Waschmittel und ein sagenhaft toller Foto-Account mit noch tolleren Shootings Round the Globe. Dazu zwei junge Berater, die an mich berichteten. Top, Entlastung.

Bis dato waren Winfried B. und ich uns in der Agentur praktisch nur beiläufig begegnet und ich maß den Warnungen einiger Kollegen keine allzu große Bedeutung bei. Er wäre eben etwas speziell, aber das würde ich sicher bald schon bemerken. Nun, das konnte man wohl sagen.

Verliefen die ersten Tage mit uns noch recht unkompliziert, änderte sich dieser Zustand sukzessive merklich.

Praktisch in allen internen Abstimmungsmeetings hatte er etwas an meiner Sichtweise oder Arbeit zu meckern. Mal war ihm das Timing zu lang, mal mein Kundenanruf nicht angemessen. Irgendwas fand er immer.

Besonderen Spaß hatte er am Parodieren von Menschen. Mich als Person eingeschlossen. Natürlich in zynischer Form, immer mit herablassenden Mundwinkeln.

Mir ging das immer mehr auf die Nerven und ich reagierte einmal mit total versteinertem Gesicht auf eines seiner Parodiefeuerwerke, als er sagte: »Wenn Sie immer genauso ernsthaft bei der Arbeit wären, wäre ich ja schon froh. Haben auch schon andere mir gegenüber geäussert.«

Bei einem anderen Anlass zitierte er mich in sein Büro und sprach: »Geben Sie doch nicht immer mit Ihrem Englisch so an, so doll ist es ja auch wieder nicht.«

Was hatte der nur geraucht?

Die Attacken fanden übrigens nie vor Dritten statt. Dafür täglich.

Ausnahmslos unter uns, ohne Zeugen.

Ich war ratlos. Schon wieder die Unit wechseln? Und die Arbeit auf meinen Kunden machte mir doch echt viel Freude und war nach Aussagen unseres Agenturchefs richtig erfolgreich. Die Kunden »liebten« mich. Winfried B. eben nicht.

In dieser schwierigen Zeit erhielt ich eine Einladung zu einem Partyevent eines alten Zulieferers von mir.

Karl, der Gastgeber, war mittlerweile in die Geschäftsleitung einer mittelständischen Druckerei aufgestiegen, mit der ich einige Jahre in bestem Einvernehmen unterwegs gewesen war.

Ich freute mich auf die Abendeinladung – Drucker können herrlich feiern – und sagte freudig zu.

Genauso wie gedacht ging die Party los. Beste Stimmung, nette Mädels und Karl ein Pfundstyp.

Gegen Mitternacht nahm er mich zur Seite und fragte. »Sag, mal, ist der Winfried denn eigentlich noch bei euch? Der hatte uns damals doch verlassen, um in eure zentrale Produktionsabteilung zu wechseln. Habe nie mehr was von dem gehört.«

Der Sachverhalt war mir neu.

»Hast du denn mit dem zu tun?«

»Ja, gewissermaßen schon«, antwortete ich, weiter kam ich aber auch nicht, da Karl anfing zu plaudern und da wollte ich ihn nicht unterbrechen.

Er erzählte mir, das Winfried B. bei ihnen in der Druckformenherstellung als Gruppenleiter gearbeitet hätte und sie nicht ganz unfroh gewesen waren, als er seine Sachen freiwillig gepackt hatte.

»Warum denn?«, fragte ich ganz scheinheilig.

»Ach weißt du, ich will ja nichts Böses nachreden, aber der hat seine Leute immer so rundgemacht, wollte die wohl kleinhalten. Immer schlechte Stimmung im Team. War eben wohl nicht der Sicherste. Na, hatte ja auch nichts richtig gelernt.«

»Was macht der denn so, immer noch Produktion?«, fragte Karl nach.

Ich wich Karl aus und stürmte zum Buffet.

Es fiel mir jetzt wie Schuppen aus den Haaren. Der ganze Druck auf mich war ein perfider, systemischer Abwehrdruck, so wie Winfried B. dass auch schon andererorts praktiziert hatte.

Der hatte einfach ob seiner (Ausbildungs-) Schwäche Angst – *wie war der überhaupt so weit gekommen (?)* – dass ich zu stark werden würde und wollte sich mir frühzeitig erwehren.

Wie erbärmlich!

Die Situation war für mich jetzt zwar klar, aber nicht weniger schwierig.

Was sollte ich nur machen, kämpfen oder gehen?

Die Antwort wurde mir Tage später auf wunderbare Art abgenommen.

Mein Telefon klingelte und der ehemalige Marketing Direktor eines meiner verflossenen US-Kunden, der zwischenzeitlich in ein großes französisches Agentur Network als Geschäftsführer gewechselt war, lud mich zum Lunch ein. Er hätte ein wichtiges Thema mit mir zu besprechen. Gerne sagte ich zu, hatten wir uns doch über die Zeit immer gut verstanden und freuten uns beide auf ein Wiedersehen.

Das war wahrlich ein für mich wichtiger Lunch, bot er mir doch spontan die Position eines Management Supervisor in seiner neuen Franzosen – Agentur an.

48 Stunden später drückte ich lächelnd einem völlig perplexen Winfried B. meine Kündigung in die Hand.

Ausgedruckt!

Die französischen Jahre

Die glorreichen Fünf

Nach meiner jahrelangen Erfahrung haben US-Agenturen und Agenturen französischer Provenienz nicht allzu viel gemein.

So wie die Franzosen als Volksgemeinschaft sehr eigen sind, so ticken sie auch äußerst speziell als Agenturnetwork.

Bewundernswert ist sicherlich ihre visionäre, kreative Ader, verbunden mit einem unumstößlichen Glauben an sich selbst, leider teilweise bis zum schieren Größenwahn.

Weniger lustig ist ihre oft überhebliche Art, die nahezu keinen Raum für Nicht-Franzosen lässt. Ebenso die tendenziell administrative Mittelmäßigkeit, ihr oftmals rein politisch getriebenes Handeln und vor allem ihre schreckliche Ungeduld.

Meine erste Franzosen-Agentur war irgendwie ein mentales Abbild von all dem.

Nichtsdestotrotz kam ich erst einmal blendend damit klar. Meine Karriere entwickelte sich prächtig.

Nach nur einem Jahr wurde ich schon zum Client Service Director befördert und war damit, mit noch jungen Jahren, in der Geschäftsleitung der am schnellsten wachsenden europäischen Werbeagentur angekommen.

Meine Mannschaft war klasse, die (Neu-) Kunden aus den Bereichen Food, Kosmetik und Waschmittel superspannend, meine wenigen Vorturner wirkliche Profis und ich konnte schön zwischen Paris, London und Mailand hin- und her jetten. Bingo, Werberherz was willst du mehr?

Aber wie das im Leben eben so spielt, nichts ist von Dauer.

Unsere ungeduldige französische Obrigkeit wollte noch schnellere Erfolge ihrer deutschen Dependance sehen.

So firmierten sie gegen jede Regel der Markentechnik den Laden dreimal hintereinander um.

Und als ob das nicht schon genug Irrsinn gewesen wäre, tauschten sie dann zu allem Überfluss auch noch fünfmal den Chairman innerhalb von sieben Jahren (!) aus. Jeder Einzelne hatte also eine Halbwertzeit von nur gut einem Jahr. Stimmten die Ergebnisse aus Franzosen-Sicht nicht – raus.

Was das für ein Klima über die Jahre in der Agentur zeitigte, kann sich jeder selber leicht ausmalen.

Die ständigen Chairman-Wechsel brachten neben der üblichen Unruhe natürlich auch immer einen totalen Kurswechsel mit sich, wollte doch jeder neue Top-Manager qua seiner Mentalität und seines Werberglaubensbekenntnisses den sichtbar eigenen Stempel aufdrücken.

Fortfolgend möchte ich einen kleinen Einblick zu den nacheinander handelnden Personen gewähren:

Chairman Nr. 1 war Harald G. – ein prominenter, erfahrener, selbstverliebter Geselle, der in Vorzeiten als Kreativer bei den seinerzeit besten deutschen Kreativagenturen tätig gewesen war. So in den Mittvierzigern, denke ich.

Ein leicht feister Mann mit halblangen schwarzen Haaren und fast immer guter Laune. Eben einer, der jeden Tag den Sonnenaufgang durch sich selbst erlebte und alle wichtigen Entscheidungen rein aus dem Bauch fällte.

Bei ihm gab es nur Black and White und so sortierte er auch seine Mitstreiter.

Ich hatte Glück, mit ihm recht gut klar zu kommen. Irgendwie schätzte er mich wohl auch, obwohl ich nach seiner Ansicht ja »nur« ein Berater war. Und offen gesagt, er war von der Garde, die noch folgen sollte, mit Abstand der Beste für die Agentur.

Die Geschäfte liefen gut unter seiner Führung, bis die »Gallier« anfingen, mit unserem Hauptkunden aus dem Waschmittel/Kosmetiksektor hinter unserem Rücken politische Spiele zu treiben.

Das ging nicht lange gut und eines Tages platzte die Bombe: Unser Megakunde hatte gekündigt – europaweit.

Frankreich war sich offiziell keiner Schuld bewusst und entließ Harald G. kurzerhand als Bauernopfer. Vive la France!

Der neue Chairman, Nr. 2, kam postwendend parallel angerauscht. Jonas S. hatte bis dahin seine eigene mittelständische Agentur in Deutschland geführt und brachte die Reste davon in unser Haus ein. Gewissermaßen als Brautgeschenk.

Er war genau das Gegenteil von Harald G. Auch ein Mittelalter, aber kein Kreativer, sondern ein furztrockener, geiziger Controller, der das Agenturgeschäft rein aus der Zahlenbrille betrachtete.

Dazu ein hyperbritischer Fan, der alles, was von der Insel kam, schier vergötterte.

Britische Sprache, britische Autos, britische Ehefrau, britische Kleidung, britische...wie hatte der nur den Weg in eine ur-französische Agentur gefunden?

Das Jahr mit ihm war von Sparen, Kostensenkungen, Aufblähen der administrativen Strukturen und freudlosem Tun geprägt.

Wir fanden überhaupt keinen Weg zueinander, galt ich wohl in seinen Augen auch noch als einer der treuen Vasallen von Harald. G.

Leider brachte er auch kein nennenswertes Neugeschäft zustande und so war er dann auch reif für den Ausgang. Adieu!

Die folgende Chairman-Lösung, Nr.3, hatte es in sich. Dr. Alwin A.

Ein kleiner Unsympath mit rotem Igelhaarschnitt, Goldrandbrille und stahlblauen Anzügen. Ein professioneller Sanierer.

Vom ersten Tag an wehte eine Eiseskälte durch die Gänge.

Viel sah man nicht von ihm, aber eines Tages bekam ich eine Audienz in seinem Office. Ich war wie immer zu früh und saß abwartend vor seinem Schreibtisch, als mir ganz viele gelbe Post-it-Zettelchen auf seinem Tisch auffielen.

Ich stand neugierig auf und versuchte das Handgeschriebene zu entziffern:

»Lach ab und zu«, »Sei freundlicher zu den Menschen«, »Zieh es durch«. Ein *Psycho* – weiter kam ich nicht, ich hörte ihn kommen und das Gespräch nahm seinen Lauf.

»Na, dann sagen Sie doch mal, was ich mit diesem Laden machen soll«, fragte er mich scheinfreundlich. Sie sind doch nun schon ein paar Jährchen dabei und kennen sich doch hier sicher gut aus.«

Ich war immer noch unter dem Eindruck der Zettelchen, fing mich aber schnell wieder und erläuterte ihm kurz und präzise meine Analyse für die Agentur und erste Lösungswege für eine erfolgreichere Zukunft. Natürlich in der Hoffnung, auch ein Ticket für mich dabei lösen zu können.

Er hörte genau zu, schien aber wenig begeistert.

Später, zu spät erkannte ich, dass er viel radikalere Vorschläge für den Umbau der Agentur von mir erwartet hätte. Andere waren da gefälliger.

Dr. Alwin A. war ein knallharter Büttel der Franzosen, der menschlich über Leichen ging.

Wochen später teilte er der Presse und uns seinen Lösungsansatz mit:

Die Agentur sollte in zwei Agenturen aufgeteilt werden.

Diese finale Lösung sah alles vor, nur nicht mich. Ich wurde als Geschäftsleitungsmitglied einer der Teilagenturen kurzerhand zugeschlagen. Shit happens.

Nach diesem Streich hatte Dr. Alwin A. seine Schuldigkeit getan und er wurde gegen die Nr.4, einen schmächtigen Mann aus dem Norden, ausgetauscht. Keiner kannte ihn, keiner wusste, was er gemacht hatte und selten sah man ihn in der Agentur. Ein Phantom.

Abgesehen davon, dass er mir einmal auf dem Gang kurz zurief, dass er blaugestreifte Hemden, wie ich sie trug, nicht mochte, haben wir uns eigentlich nie unterhalten. Er bewegte letztendlich außer seinem Kontostand nichts und wurde noch unter einem Jahr guillotiniert.

Die Agentur schwankte immer mehr, die wirtschaftliche Lage und das Image gingen gleichermaßen den Bach runter. Kunden kündigten in Reihe.

Sehr spät fing ich dann endlich an – denn irgendwie hatte ich immer noch auf eine Renaissance für unsere Agentur gehofft – einen mir vertrauten adeligen Headhunter mit der Suche nach einer neuen Heimat für mich zu betrauen.

Zum gleichen Zeitpunkt enterte der nächste Tiefflieger als Chairman die Agentur.

Nr. 5 kam wohl von einer Airline und war über Vitamin B ins Amt gehievt worden.

Was für ein unfähiger Schnösel. Von Tuten und Blasen keine Ahnung, aber den Massa spielen. Der Tiefpunkt war erreicht.

Gott sei Dank wurde mein Headhunter nach kurzer Zeit fündig und ich wechselte in eine große, ehemals deutsche Traditionsagentur, die allerdings vor Jahren schon vom größten französischen Network, gewissermaßen der direkten Konkurrenz von meinem alten Verein, aufgekauft worden war. Frankreich die Zweite...

Ich sehnte den Tag des Kofferpackens herbei. Viel zu lange hatte ich ausgeharrt. Mein Fehler.

Übrigens, das Letzte was ich von dem Tiefflieger sah, war an meinem letzten Abend in der Agentur. Ich wollte mit dem Lift nochmal nach oben fahren, als die Tür knarrend zur Seite aufging. Und siehe da, wer lag da volltrunken, lallend im Aufzug? Genau der!

Langsamer Brüter

Martin K. kam nach einer erfolgreichen Industriekarriere im Marketing in die Agentur.

Seit nahezu zehn Jahren war er nunmehr Geschäftsführer Beratung.

Ein drahtiger, sportlicher Manager mit auffallend schönen Klavierhänden.

Immer noch ein echter Frauentyp.

Und so hatte er auch seinen Geschäftsbereich besetzt. Alle Management Supervisor waren Frauen. Dem heutigen Thema Frauenquote war er schon damals meilenweit enteilt.

Auf die Frage, warum er sein mittleres Management so aufgestellt hatte und ob er nicht fürchten würde, die Damen irgendwann an eine Familie zu verlieren, antwortete er immer lächelnd: »Ach was, die Mädels sind einfach schlauer, arbeiten härter und sind viel loyaler. Zum Kinderkriegen kommen die bei unserem Programm doch gar nicht.«

Er behielt Recht, viele seiner Amazonen blieben ihm über viele Jahre treu erhalten.

Martin K. war menschlich angenehm und fachlich, nach Aussagen von Kunden und Kollegen, einfach brilliant. Die Marken-Institution in der Agentur.

Ich hatte bisher noch nichts mit ihm zu tun gehabt, weil ich in einem anderen Beratungsbereich unterwegs gewesen war.

Bis zu dem Morgen, als er mich in meinem Büro überraschend besuchte.

Er erzählte mir von seinem aktuellen Waschmittel Mega Pitch, und dass seine, die Wettbewerbspräsentation leitende Amazone krankheitsbedingt für Wochen ausgefallen war.

»Hätten Sie vielleicht noch etwas Kapazität um für Priscilla einzuspringen. Ab morgen schon?«, fragte er mich in seiner ruhigen, bestimmten Art.

Klar, Zeit hatte ich eigentlich keine, aber ich fühlte mich geehrt und wollte mir die Chance, mit ihm einmal arbeiten zu können, nicht entgehen lassen. Ich sagte für den kommenden Tag zur ersten Marken-Strategieabstimmung in seinem Office, zu.

Ein Kollege, der davon Wind bekam, ging umgehend grinsend auf mich zu und stänkerte: »Na, dann mal viel Spaß und vergiss bloß nicht genug Wasser und eine Haselnussschnitte mitzunehmen, der K. ist sehr, sehr gründlich.«

Ich verstand sein Ansinnen nicht, vermutlich war er eingeschnappt, dass es ihn nicht getroffen hatte.

Die folgende Nacht, verbrachte ich mit den vorliegenden Strategieansätzen, die Priscilla, die zuständige MS, wirklich recht umfassend vorbereitet hatte.

Aus meiner Sicht nun, ich war zwar im Thema noch nicht richtig drin- aber durchaus diskutable, interessante Re-Positionierungsansätze für die Marke. Kleine Fragezeichen von mir blieben, aber die Zeit eilte voran.

Am kommenden Vormittag war D-Day. Punkt 10 Uhr versammelten wir uns bei Martin K. in seinem weitläufigen Büro. Die Tür schloss sich.

Wir, das waren die Leiterin der Strategieabteilung, der verantwortliche Kreativdirektor, eine junge Account Executive, die das interne Protokoll schreiben durfte, und ich.

Martin K. saß gespannt vor seinem dunklen Eichenschreibtisch und erwartete den Vortrag der Strategin, die für die Ansätze mitverantwortlich war.

Sie trug die Gedanken kompetent und logisch von A-Z vehement vor. Martin K. unterbrach sie nicht und bat dann am Ende der Präsentation um die Aushändigung der Papiere. Keine Diskussion.

Er legte den Stapel mit seinen gepflegten Klavierhänden sorgsam vor sich und begann diese nochmal in aller Ruhe, Blatt für Blatt, zu lesen.

Es war elf Uhr fünfzehn.

Stille im Raum, man hörte kaum ein Atmen. Martin K. vergrub sich richtig in die Unterlagen.

Der Creativ-Director wollte sich zu Wort melden, aber Martin K. würgte ihn mit einem Zischlaut ab: »Nicht jetzt.«

Immer weiter sank er über dem Papier zusammen. So geht denken, dachte ich.

Es war mittlerweile zwölf Uhr.

Dann hörten wir, langsam meldeten sich auch der Hunger und der Durst bei uns, ein leises Stöhnen.

Martin K. vergrub jetzt seinen Kopf in beiden Händen und las weiter. Dann murmelte
er urplötzlich: »Nein, so geht das nicht, das reicht so nicht.«

Wir schauten uns alle kurz an. Was war denn los?

In diesem Moment richtete er sich auf, faltete die Hände und blickte gut eine halbe Ewigkeit aus dem Fenster. Nichts geschah.

Es war nun schon nach dreizehn Uhr.

Wieder das Stöhnen und dann wandte er sich zu uns und sprach. »Nicht so schlecht das Papier, aber damit schlagen wir die Amerikaner nicht.«

Was dann folgte, war eine unvergessliche Lehrstunde in Sachen Markentechnik. Mit völlig einfachen Gedanken, völlig unprätentiös, nahm er das gute Papier nochmal auseinander und fügte brilliante Idee auf brillianter Idee zur Verbesserung des Ansatzes, zusammen. Eine Meisterstrategie.

Wir saßen mit aufgespannten Ohren da und zumindest ich genoss die Zelebration von seinem ungeheuren Wissen. Etwas, was ich die letzten drei Jahre schmerzlich vermisst hatte. Ich lernte wieder was.

Domizlaff, der alte deutsche Marken-Lehrmeister, Al Ries, der amerikanische Markenguru, alles war wieder da und wurde pragmatisch von diesem alten Haudegen zu einer strategisch perfekten Einheit geformt. Wahnsinn!

Es war vierzehn Uhr, als wir erschöpft, aber mit klaren Gedanken sein Office verließen. Meine Wasserflasche und die Haselnussschnitte ließ ich liegen, egal.

Ich war tief beindruckt und beschloss, bald ein weiteres Projekt mit Martin K. unbedingt machen zu wollen.

Wie ging es weiter?

Die gute Nachricht zuerst. Wir gewannen den Pitch haushoch gegen starke Konkurrenz aus den USA.

Aus meiner Absicht, weiter von Martin K. lernen zu wollen, wurde aber leider nichts.

Wochen nach unserem Etat-Gewinn hatte er einen schrecklichen Sportunfall und kehrte nie wieder in die Agentur zurück.

Schlagende Argumente

Man sollte nicht annehmen, im Agenturgeschäft immer nur mit kultivierten und distinguierten Kunden Umgang zu haben.

Ein verflossener Kollege aus Holland hatte uns ein ganz besonders faules Kundenei hinterlassen.

Stoßdämpfercheck für die Hälfte, vier Reifen für drei etc., das war deren Geschäft – eine Autowerkstatt-Kette, die leider in meinem Geschäftsbereich landete.

Mein Gesprächspartner war ein besserer Automechaniker, der als Interims-Marketing Direktor fungierte und von Letzterem keine Ahnung hatte.

Die Zusammenarbeit war gespannt und von ständigen Kostendiskussionen geprägt.

Zwar wollten die auch TV-Werbung machen, aber nichts dafür bezahlen, so eine Art TV- Armenspeisung durch unsere Agentur.

Das Ganze eskalierte und deren Deutschland Geschäftsführer, Herr Ansari, kündigte sich zu einem ernsten Besuch in der Agentur an.

Ich, als Geschäftsleitungsmitglied, reichte ihm dabei nicht, er bestand auf die Anwesenheit unseres Chairman.

Wir kannten Herrn Ansari beide nur vom Telefon und so war die Überraschung groß, als er eines Tages, begleitet von einem Herrn Butz, den Konfi betrat.

Herr Ansari stellte sich als ein schmierig aussehender, penetrant nach billigem Parfüm riechender, Orientale heraus. Dunkle Augen und schwarzer Zopf.

Sein Adlatus, Herr Butz, hätte auch als Rausschmeißer fungieren können.

Basketballspielergröße, ca. 120 Kilo schwer, flache Stirn, mit einer flachgeschlagenen Nase im Gesicht. Dazu Hände wie

Dampfhämmer, an deren beider Gelenke braune Lederriemen montiert waren. Netter Kerl.

Die Fahrt ging sofort los.

»Ich habe heute Herrn Butz mitgebracht, der leitet unser Inkasso«, sagte Herr Ansari mit leichtem Akzent.

Mein Chairman und ich guckten uns verstohlen an. Inkasso?

Dann schoss es wasserfallartig aus ihm heraus. Er würde sofort die Rückvergütung irgendwelcher Mediaprovisionen verlangen. Falls wir nicht dazu bereit wären, würden wir unser blaues Wunder erleben.

Während er das vortrug, drehte Herr Butz vielversprechend an seinen Lederfesseln und verzerrte das Gesicht zu einer erschreckenden Grimasse.

Mein Chairman blieb stumm und litt. Ich versuchte alle sachlichen korrekten Einwände für dieses kranke Ansinnen vorzutragen. Wir waren einwandfrei im Recht. Alles war administrativ bisher sauber gegenüber dem Kunden gelaufen.

Aber die gaben nicht nach.

Jetzt hob mein Chairman an, sich in die »Unterhaltung« einzumischen, als zeitgleich Herr Butz, urplötzlich aus seinem Sitz hochsprang und sich um den Tisch zu uns auf den Weg machte.

Hell, in dieser Sekunde pfiff Herr Ansari seinen Kettenhund unerwartet, aber noch rechtzeitig zur Ordnung und der setzte sich unverrichteter Dinge wieder hin.

»Lass mal Butzi«, hörte ich ihn sagen, die kommen schon zur Vernunft«. In dieser schier ausweglosen Situation, wir spielten beide schon mit dem Gedanken die Polizei zu rufen, klingelte das Telefon von Herrn Ansari.

»Ja, ja, wir kommen sofort, bleiben sie in der Werkstatt«, schnaubte er.

Er und Herr »Butzi« Butz sprangen gleichzeitig auf und rannten ohne Gruß aus der Tür.

Wir schauten uns nochmal, diesmal völlig konsterniert an.

Was war das denn gewesen?

Fünf Tage später erhielten wir die Kündigung von unseren Geldeintreibern.

Allah hatte ein Einsehen.

Zocker

Die Qualität einer Agentur entscheidet sich letztlich über das kreative Produkt. Das hört kein Berater so richtig gerne, ist aber so. Entsprechend spielen die Kreativen die zentrale Rolle. Dabei meine ich nicht die Klischee-Kreativen mit ihren bunten Jacken und Brillen, ihrem endlosen, leeren Gequatsche und ob des fehlenden Talents dem Drang, alles schon mal Dagewesene zu kopieren, sondern die, die wirklich neue Ideen schöpfen, welche die Konsumenten begeistern und die Produkte fast zum Selbstläufer machen.

Mit diesen zu arbeiten, ist für jeden fähigen Berater das Salz in der Suppe.

Offen gesagt, in meiner langen Karriere sind mir maximal fünf solcher Virtuosen begegnet. Einer davon war Pedro.

Pedro war Argentinier, ungefähr fünf Jahre älter als ich und als Creative Director schon ein paar Jahre in der Agentur.

Ein echter Typ mit schwarzen, kurzen Haaren, einem indigenen Gesicht mit dunklem Teint und etwas zu großen Ohren, an welchen er unablässig zupfte.

Unvermeidlich seine grüne Hose mit Armeestiefeln, wo die Schnürsenkel immer fehlten.

Gütige, aber gehetzt wirkende braune Augen, ein Mann immer unter Strom, der nicht still sitzen konnte. Kaum war er da, war er auch wieder weg.

Wir mochten uns von Anfang an, auch wenn wir unterschiedlicher nicht hätten sein können. Aber Gegensätze sollen sich ja ergänzen, sagt man.

Und das taten wir on the job fabelhaft.

Er konnte wunderbar auf präzisen Briefings und Strategien arbeiten und lieferte fast ausnahmslos Spitzenkonzepte. Ob für Kosmetik, Nudeln oder Pfefferminzbonbons – ein echter Knaller. Viele Kreativ-Preise hatte er schon gewonnen.

Aber wie alles im Leben, nichts ist perfekt. Schon bald lernte ich auch seine Schattenseite kennen: Pedro war unvorstellbar unpünktlich.

Er lieferte zwar immer, aber dann, wann es für ihn passte. Teilweise war er tagelang nicht in der Agentur. Weder persönlich noch telefonisch aufzutreiben. Keiner wusste, wo er war. Bis er dann irgendwann wieder unerwartet durch die Tür kam, ohne jedes wirkliche Schuldgefühl, nichts.

Mir machte das intern und vor allem bei den Kunden größte Probleme. Ich weiß heute nicht mehr, wie viele Hemden ich durchgeschwitzt habe, um diese Allüre zur Befriedung aller immer wieder zu decken. Aber wir standen doch als Team.

War es mal wieder arg und ich flippte völlig aus, sagte er immer. »Tranquilo, mein Freund, alles wird gut.« Dabei schaute er einen mit seinen braunen Augen so herzlich an, dass man schon nicht mehr böse sein konnte. Ein Filou.

Ständig gelobte er Besserung, aber es blieb so wie es war. Ich hatte keine Vorstellung, warum er sich so verhielt. Sowas war doch nicht normal.

Zu der Zeit verschlechterte sich auf unserem Teigwaren-Etat das Agentur-Kundenklima erheblich. Das hatte unterschiedliche Ursachen, die größtenteils auf der Kundenseite zu vertreten waren. Vor allem hatten häufige Managementwechsel bei unserem Kunden zu Unzufriedenheit geführt. Wir waren täglich in Alarmbereitschaft und bemühten uns, alle Jobs so perfekt wie möglich zu realisieren.

Der Top Job, der anstand, war die neue nationale Funk-Kampagne, die die neuen Produkte aus dem Händlerregal bomben sollte.

Ich weiß noch, als ob es gestern gewesen wäre: Pedro hatte mir für unseren gemeinsamen Kundenpräsentationstermin die Texte für Mittwochs zugesagt. Freitag sollte der Termin beim Kunden stattfinden.

Es kam wie es kommen musste. Mittwochs keine Texte, kein Pedro. Donnerstagmorgen, keine Texte, kein Pedro.

Ich telefonierte mir die Finger wund. Dann erreichte ich ihn und er sagte gebetsmühlenartig seinen Tranquilosatz und versprach, die Funktexte am Freitagmorgen mit in den Flieger zu bringen.

Was blieb mir übrig, ich akzeptierte den Deal.

Freitagmorgen am Gate, keine Texte, kein Pedro. Ich rastete innerlich völlig aus und setzte mich in die Maschine, intensiv grübelnd, wie ich das unserem lieben Kunden vermitteln sollte. Und das in der aktuellen Phase.

Ich hatte mir schon einiges überlegt, wie ich Pedro später erschlagen würde, als er als Letzter, natürlich in grüner Hose und total abgehetzt, mit der Stewardess die Innentür luftdicht verschloss. Alles wird gut...

Nein, wurde es nicht, er hatte die Texte zu Hause angeblich liegen lassen.

Ich rief schon nach einem Fallschirm, als er sagte:»Tranquilo, ich schreibe die Dinger eben, ist doch easy.«

Ich fiel ins Delirium und ließ in gewähren.

Beim Kunden angekommen, hatten wir natürlich nicht ein Textmanuskript. Und was machte Pedro?

Er spielte die Funkhandlung mit mehreren Stimmen live vor dem Kunden vor. Stille.

Dann totale Begeisterung. Ja, Euphorie.

Der anwesende neue Geschäftsführer meinte sogar:»Mensch, das können wir in Zukunft immer so machen, das ist doch viel liviger, gell.«

Ich wollte nur noch nach Hause.

Ein Case von vielen. Trotzdem kamen wir nach wie vor gut miteinander aus.

Wochen später war ich erstmals bei Pedro und seiner Familie eingeladen: Er hatte eine wirklich nette Frau und zwei lebhafte Buben.

Wir tranken Kaffee und danach auch noch das eine oder andere Gläschen, als er vorschlug, mir mal seine Spielesammlung zu zeigen.

Spielesammlung ist gut, es handelte sich um einen Raum, voll mit Hunderten von Gesellschaftsspielen. Hm…?

Am Abend plauschten wir sehr vertraut weiter und er erzählte munter von seinen vielen Engagements in internationalen Sportwetten. Hauptsächlich US-Basketball und so.

Würde eine Mordszeit kosten und nicht nur Zeit – auch sehr viel Geld. Zumeist wäre man, wegen der Zeitverschiebung, nachts mit diesen Themen unterwegs. Seine Augen leuchteten fiebrig, während er mir von seinem ekstatischen Tun erzählte.

Langsam dämmerte es mir: Pedro war ein krankhafter Zocker. Poor Guy!

Von heimeligen Gesellschaftsspielen bis hin zu internationalen riskanten Profiwetten, er spielte was das Zeug hielt. Und sah mittlerweile wohl auch seinen Job als Teil dieses Zockens an, daher seine ständigen, unberechenbaren Zeitmanöver. Alles war für ihn nur ein erregendes Spiel mit ungewissem Ausgang.

Der ungewisse Ausgang ließ nicht lange auf sich warten:

Monate später verschwand Pedro ohne jede Erklärung von heute auf morgen aus der Agentur. Warum, wieso, ich wusste es nicht.

Jahre später hörte ich, dass er wohl in einem Reitstall arbeiten würde, aber vielleicht war das auch nur ein Gerücht.

»Donde estas«, Pedro?

Fenstersturz

Die Werbebranche ist wahrlich faszinierend. Man kann viel Spaß haben und dabei eine wirklich hohe Selbstzufriedenheit aus ihr ziehen.

Aber sie hat auch ihre finsteren Seiten.

Permanenter Druck von Kunden und dem System. Überbordender Selbstanspruch und beinharte Konkurrenzkämpfe kosten über die Jahre sehr viele Körner.

Besonders schwierig ist es, wenn man trotz vollem Engagement auf der Karriereleiter nicht vorankommt und auf der sogenannten Arbeitsebene als »Handwerker« stecken bleibt.

Keinerlei Delegationsmöglichkeiten, alles muss man, noch im fortgeschrittenen Alter, selber machen, man ist der »Schrubber«.

So geschehen unserem Hajo, seines Zeichens Art-Director. Ende vierzig, schulterlange, braune Haare und eine fette Hornbrille auf der Nase.

Hajo war ein echter Handwerker, fleißig, grafisch total beschlagen, jedoch fehlte ihm völlig das Aufstiegsgen. Dazu war er auch ein viel zu verschlossener Typ.

Eben zu nett, zu defensiv und viel zu ängstlich.

Trotzdem war er für die Agentur, so auch auf unserem Traditions-Tee-Account, nahezu unentbehrlich – und das seit vielen Jahren.

Irgendeiner musste die tollen Ideen seines Creativ Directors ja zum Leben erwecken.

Wir waren wieder in der Jahresplanung und arbeiteten hart an der neuen Print Kampagne, als uns der Kunde um ein Zwischenabstimmungsmeeting bat, um einen ersten Blick auf die Sujets zu werfen. Täglich Brot.

Der Termin stand und sie wollten auch erst einmal mit der zweiten Reihe zum Vortesten anrücken.

Das passte dem zuständigen Creativ Director und mir recht gut, da wir momentan, so wie auch an diesem Tag, völlig ausgebucht waren. Schnell war entschieden, dass Hajo und einer meiner jungen Account Directors den Termin wahrnehmen sollten.

Hajo freute sich riesig und legte noch eine harte Nachtschicht drauf.

Danach hatten wir mit ihm die Konzepte intern abgenommen und sie für präsentabel befunden. Feuer frei.

Montagmorgen, der Kunde rückte an. Allerdings nicht nur die zweite Reihe, sondern auch Herr Svendson, der bollerige Marketingleiter. Surprise, surprise...

Blöderweise hatten wir es versäumt, unser beider Absenz von dem Meeting, dem Kunden rechtzeitig mitzuteilen.

Also standen Hajo und mein Mitarbeiter ziemlich überrascht im Foyer und begrüßten den Kunden.

Überrascht war wohl auch Herr Svendson, der anscheinend etwas irritiert war, um nicht verärgert zu sagen, dass wir nicht dabei sein würden.

Ab jetzt, um die Wahrheit zu sagen, lebe ich von den Schilderungen meines Account Directors, der mir später den folgenden Eklat minutiös berichten sollte.

Irgendwie stand das Meeting unter keinem guten Stern.

Hajo präsentierte die Pappen routiniert und sicher durch. Der Kunde folgte den Erläuterungen, schwieg aber.

Dann legte er los. Herr Svendson, der Leader, ließ kein gutes Haar an den bisherigen Arbeiten. Er groovte sich richtig ein.

Es hieß, zu lahm, unkreativ, gestrig, wie immer ohne echte Idee – schlicht eine Katastrophe.

Hajo wurde wohl kalkweiß im Gesicht, antwortete aber nicht sofort auf die Tiraden von Svendson.

Vielmehr stand er unvermittelt auf und räumte die Pappen mit zittrigen Händen zusammen. Er sagte immer noch keinen Ton.

Dann ging er mit den Pappen zum Fenster und öffnete es sperrangelweit. Straßenlärm drang in unseren Edelkonfi.

Er sagte mit belegter Stimme, direkt an Herrn Svendson gewandt: »Visual nix, Headline nix, kreative Idee nix, alles nix – alles Scheiße, nicht wahr? Dann kann ich die ganze Scheiße ja auch jetzt entsorgen,« sprach er und warf die Pappen einzeln, wie in Zeitlupe, eine nach der anderen aus dem Fenster.

Hajos über Jahre angestauter Frust hatte den Rubikon überschritten, zu viele Körner waren verbraucht, er stand völlig neben sich, uneinholbar.

Sekunden der Stille, dann sagte Herr Svendson, erschrocken und fast verbindlich. »Na, so war es doch nicht gemeint, wirklich nicht.« »Lassen Sie uns doch vernünftig bleiben.«

Mit Vernunft war bei Hajo nichts mehr zu bestellen.

Er wählte den geraden Weg an Herrn Svendson und seinen Begleitern vorbei und verließ fluchtartig den Raum. Ende.

Dieses Intermezzo ging widererwartend mit dem Kunden gut aus, er trug uns nichts ernsthaft nach.

Für Hajo endete die Sache nicht so glimpflich.

Die Geschäftsführung bestand darauf trotz unserer vehementen Apelle ihn zu entlassen. Grande Casino, würde der Italiener sagen.

Zumindest holten wir für ihn noch eine satte Abfindung raus, mit der er sich in der Folge selbstständig machte. Hatten wir eine Mitschuld? Ich glaube schon. Und das wussten wir auch. Ich zumindest.

Manchmal frisst die Werbung eben auch ihre Kinder.

Lebensgefahr

Man mag ja meinen, Werbung sei eine ganz harmlose Sache. Eben keine Operation am offenen Herzen, oder so.

Nur eine im Kapitalismus volkswirtschaftlich notwendige Sozialverteilungsfunktion. Einfach bunte Reklame.

Irrtum! Manchmal geht es in unserem Geschäft auch um Leben und Tod. So geschehen auf meinem amerikanischen Etat für Haushalts-Schwämmchen.

Ich hatte den Account von meinem Vorgänger, einem verflossenen Käskopp aus Utrecht geerbt.

Der hatte, nur um den Kunden auf die Agenturliste zu bekommen, grauenhaft schlechte Konditionen akzeptiert. Und das bei einem Full-Service Vertrag.

Nun jährte sich die anstehende Vertragsverlängerung und ich war fest entschlossen, aus der Loss-Zone bei dem Kunden heraus zu kommen. Egal wie.

Herr Birnenhaus, der Marketingleiter dieser Sparte, und ich trafen uns im Morgengrauen in der Agentur.

Birnenhaus, ein Mann in den Sechzigern, war schon vierzig Jahre in der Company. Ein Urgestein, untersetzt, mit weißen Haaren und einem leicht nörgeligen Gesicht. Was auffällig war, er atmete immer recht laut, wie so ein kleiner Darth Vader mit Schalldämpfer. Aber in toto eigentlich ein weicher, verbindlicher Gesprächspartner.

Ich rechnete mir gute Chancen auf ein für uns günstigeres Verhandlungsergebnis aus.

Anfangs schlürften wir beide noch genüsslich angespannt unseren Kaffee und ließen unsere beiden unterschiedlichen Perspektiven auf die Zahlen Revue passieren.

Voran kamen wir irgendwie nicht, sodass mit der Zeit die Vehemenz der Verhandlung, vor allem von seiner Seite exponentiell zunahm.

Worte wie »unfair«, »Vertrag ist Vertrag« und »mit ihrem Vorgänger war das alles viel leichter« (klar!) säumten den sprachlichen Disput.

Zwei zähe Stunden des Ringens waren schon vorbei.

Ich blickte gedankenvoll hinter mich zum Fenster, als es urplötzlich einen richtigen Bums gab.

Sofort drehte ich mich schlagartig wieder um und sah, dass der Kopf von Herrn Birnenhaus unvermittelt auf die Tischplatte geschlagen war und er regungslos verharrte. Die Arme hingen schlaff seitlich herab und sein Gesicht, soweit sichtbar, hatte einen Alabasterton angenommen.

Kein Atmen mehr, kein Ton.

Ich bekam richtig Angst, meine Knie wurden weich und ich sprang auf und wandt mich aufgeregt ihm zu: »Herr Birnenhaus, was ist denn los?« Keine Antwort. Ich streifte ihn mit der Hand am Jacket und rannte auf den Gang: »Los, holt schnell einen Krankenwagen, Herrn Birnenhaus geht es nicht gut, schnell, schnell!«

Eine Kollegin stürmte ans Telefon und wählte 112.

Ich dachte eiligst nach. Keine Ahnung von erster Hilfe. Das Seminar lag schon 15 Jahre zurück. Und dann: Ja, Doc Peters, unser Arzt und Texter für die Pharmakunden.

Ich brüllte: »Holt Doc Peters, sofort!« Parallel rannte ich in das Besprechungszimmer zurück.

Meine Zunge klebt am Gaumen, ich schwitzte. Nichts hatte sich verändert. Herr Birnenhaus ruhte immer noch auf der Platte. Mir wurde übel.

Sekunden später galoppierte Doc Peters durch die Tür, Kollegen schauten aufgeregt murmelnd in den Konfi.

Doc Peters ergriff sofort die Initiative und fasste Herrn Birnenhaus vorsichtig unter die Achseln, um ihn vom Tisch wegzukriegen. Wer konnte dem Doc hier helfen?

»Alle raus, ihr könnt eh nicht helfen, ich mach das schon. Wo bleibt denn der Sanitäter?«

Wir spritzten alle aus dem Raum. Ich sprang in den Aufzug und rannte zum Agentureingang. In diesem Moment hörte ich schon das Martinshorn. Endlich!

Die Sanis waren Minuten später im Haus und rollten Herrn Birnenhaus, anscheinend immer noch bewusstlos, mit einer Sauerstoffmaske auf der Nase aus dem Haus.

Doc Peters und ich saßen total platt nebeneinander im Foyer.

»Was war denn los?«, fragte er mich, noch immer ziemlich aufgekratzt.

»Ich weiß es nicht, so ein shit.« Meine Stimme versagte fast.

Stunden später erfuhren wir aus dem Krankenhaus, dass nochmal alles gut gegangen sei. Es war wohl nur ein heftiger Schwächeanfall – kein Herzinfarkt. Puh!

Sobald die Ärzte es erlaubten, besuchte ich Herrn Birnenhaus in der Klinik. Meine Assistentin Ilana, hatte mir ein paar hübsche Blümchen in Schwämmchen-gelb in die Hand gedrückt.

Damit betrat ich mit mulmigen Gefühl das Krankenzimmer.

Herr Birnenhaus war schon wieder ganz gut beieinander, wir lächelten uns an und reichten uns freundlich die Hand. Nochmal gut gegangen.

Zum Abschied rief er mir nach: »Aber den Vertrag werde ich so trotzdem nicht unterschreiben.«

Herr Birnenhaus unterschrieb überhaupt nichts mehr. Er wurde intern auf einen ruhigen

Abstellposten versetzt, der Vertrag mit unmerklichen Verbesserungen für uns, neu verhandelt – Harmonie war nach dem Hammerschlag jetzt angesagt – und ich?

Ich hatte meinen Ruf als merkantil geerdeter Vertrags-Killer in der Agentur weg.

Egal.

Hauptsache der kleine »Darth Vader« atmete weiter.

Tütenträger

Ex definitione versteht man ja unter einer Full-Service Agentur einen Dienstleister, der die volle analoge und digitale Bandbreite von Kommunikationsangeboten offeriert.

Im Einzelfall verstehen das Kunden aber wohl auch schon einmal falsch.

Ein besonders skurriler Fall begegnete mir in Form von Frau Mulder.

Frau Mulder war die Werbeleiterin unseres nationalen Konservendosenetats, einer durchaus bekannten, marktführenden Marke aus dem Süden der Republik. Eine extrem faule, launische und fachlich blasse Anfang Vierzigerin, mit kleinen, stechend blauen Augen, einer Knubbelnase im Gesicht und furchtbar fiesen Stummelfingern. Keine Kinder, kein Gatte.

Nach einer zweitklassigen Karriere in einer No Name-Promotion-Agentur, hatte sie das Verhältnis mit dem Geschäftsführer unserer Dosenfirma nach oben geschwemmt.

Der größte nationale Account unserer Agentur und ich als Chefberater ihr direkter Ansprechpartner.

Frau Mulder war sehr sprunghaft und interessierte sich für alles, was hip und neu war, nur nicht für das Geschäft. Vor allem liebte sie alles, was italienisches Flair hatte, und war auch stets an den klatschhaften Szene News und Events unserer Branche äußerst interessiert.

Die tägliche Arbeit überließ sie weitgehend der zweiten Reihe. Lief doch.

Sie kam aber gerne und regelmäßig zu uns nach Düsseldorf, um sich genussvoll zu ihrem Lieblingsitaliener Albertino auf der Prachtstraße KÖ, einladen zu lassen.

Irgendeinen Anlass fand sie immer.

Diese Geschäftsessen blieben dabei immer an mir hängen. So auch wieder an einem folgenträchtigen Freitag.

Der obligatorische Albertino Lunch war durch, als sie zu mir säuselte: »Ach, wenn Sie noch ein Viertelstündchen für mich hätten. Ich wollte noch schnell zur Padua Boutique nebenan, ein paar Einkäufe machen. Und Sie haben doch so einen guten Geschmack. Wollen Sie mich dabei eben schnell begleiten?«

Ich dachte, ich höre nicht recht. Willigte aber unwillig hastig ein. Je schneller die wieder weg ist, desto besser. Hoffentlich sah mich keiner mit der.

Gesagt, getan. Aus dem Viertelstündchen wurden zwei Stunden, sie hatte wohl vorsorglich schon den letzten Flieger in den Süden gebucht.

Ich verließ hinter ihrem blonden Pagenkopf herdackelnd die sündhaft teure Boutique mit mindestens 20 Tüten, die an mir hingen wie Christbaumkugeln. Nur ohne Lametta.

Schleunigst setzte ich sie unter ihren ständig wiederkehrenden Dankesbekundungen ins nächste Taxi, während sie mir strahlend aus der abfahrenden Droschke zuwinkte. Heute hatte es eben eine besondere Art von Full-Service gegeben, der Dienstmann konnte jetzt wieder arbeiten gehen.

Was tut man nicht ausnahmsweise alles fürs Geschäft, dachte ich bei mir.

Leider blieb es nur nicht bei dieser einen Ausnahme.

Wochen später, wir saßen wieder bei ihrem geliebten Albertino, als sie, während sie sich gerade ihre Creme Brulée genüsslich reinschob, lächelnd fragte: »Na, noch Lust auf einen kleinen »Shoppy« im Padua, bin doch Full Service Kundin, oder?« Sie kicherte.

Ich kriegte die Motten.

Warum auch immer, ich war so perplex, dass ich das alles nochmal gequält mitmachte.

Wie kam ich aus diesem Murmeltierspiel nur wieder raus? Wollte die mich anmachen oder war das nur eines ihrer launischen Machtspielchen? Egal, ich musste was tun, sonst würde ich mit der Zeit schlimmstenfalls auch noch mit in die Umkleidekabine müssen. Igitt!

Dann kam mir die zündende Idee:

Unser Creativ Director Ingo, ein kunstbesessener Kreativer und gleichzeitig mein Kollege auf dem Dosenfutter, hatte mir erzählt, dass die kommenden sechs Monate eine Reihe von künstlerischen Ausstellungen aus Italien in unserer Kunstakademie stattfinden würden. Ja klar, Italien, das war die Lösung!

Beim nächsten Telefonat erzählte ich Frau Mulder überschwänglich begeistert von dem anstehenden Kunstleckerbissen. Die ganze Szene würde hingehen. Da müsste man als Italo-Freak unbedingt dabei sein.

Schnell fügte ich hinzu, dass ich sie ja gerne einmal begleiten könnte, aber leider total keine Ahnung von dem Gezeigten haben würde. Schade auch. Wäre mit mir nur der halbe Spaß.

Sie biss interessenmäßig sofort an.

Tage später klingelte sie durch und sagte launig: »Das war mal wieder eine tolle Idee von Ihnen, das mit der italienischen Ausstellung. Wir gehen kommende Woche zusammen gleich mal hin.«

Wir?

»Ingo hatte sofort große Lust mich zu begleiten. Tschüüß.« Sie hängte selig ein.

Ach so...!

Staatsbesuch

Als Mitglied der Geschäftsleitung genoss ich eine ganze Reihe von Freiheiten und Privilegien und konnte meine große Beratungs-Unit, zumindest im operativen Bereich, nach Gutdünken relativ autark führen. Zumindest so lange die Zahlen stimmten und die Kunden glücklich waren.

Zweimal im Jahr wurde es aber ernst, da standen die halbjährlichen Reviews mit den Kunden an. Alle Maßnahmen und Ergebnisse der gemeinsamen Arbeit kamen auf den Prüfstand.

Maßgeblich bestimmten diese Veranstaltungen über Wohl und Wehe der Kunden-Agentur-Ehe – und über meinen Bonus.

Alle Großkopferten kamen zu dieser Nabelschau dann angerannt. Jeder war der Wichtigste.

Der Unwichtigste in diesem Spiel war zu dieser Zeit wohl mein aktueller Chairman Jonas S., ein unkreativer Zahlenknecht, der aber immer dabei sein wollte. Gab ja reichlich Zahlen zu sehen und das gefiel ihm eben.

Am schlimmsten waren dann immer die Reisen mit ihm. Zum einen sollten die extrem kostenarm gestaltet werden, aber was noch viel ekliger war: Das Reisen mit ihm war total sprachlos, völlig spaßfrei – wir hatten uns einfach nichts zu erzählen

Jetzt drohte wieder eine dieser öden Prüffahrten und ich schüttelte mich schon vorher und hoffte darauf, dass es möglichst schnell und problemlos vorbeigehen möge.

Ich meine, es war Anfang Frühling gewesen, meine PA hatte wohlweißlich die billigsten Flüge in der Bretterklasse für uns gebucht und auch den gewohnten Fahrdienst – diesmal nur Mittelklasse PKW – vom Flughafen zum Kunden und zurück organisiert.

Schwabenland, wir kommen.

Der Rot-Augen-Flieger landete schon vor acht Uhr pünktlich auf dem Rollfeld.

Wir taumelten, also ich mehr als Jonas S., zum Exit und erwarteten unseren Fahrer.

Minute um Minute vergingen, kein Fahrdienst.

»Rufen Sie da doch mal an, ist ja schrecklich diese Warterei«, hörte ich ihn stöhnen.

Auf Nachfass stellte sich heraus, dass die den Abholtermin glatt verschwitzt hatten. Sorry! Gerade heute.

Da Messe war, hatten sie auch keinen klassengleichen Ersatzwagen am Start. Und nun?

Der Inhaber, Mirco D., dachte langsam nach und kam dann auf eine Idee:

»Ich komme persönlich vorbei, ich habe da noch ein »Schätzchen« in der Garage. Den nehmen wir, gleicher Preis natürlich, meine Herren. Ehrensache!«

War mir in diesem Moment alles egal, nur schnell. Wir hatten noch vierzig Kilometer über die Dörfer vor uns und das Meeting sollte um zehn Uhr losgehen. Jonas S. hatte mit der Organisation natürlich nichts zu tun, das war mein Job. Zwischenzeitlich telefonierte er unablässig und machte dabei eine gewichtige Miene.

Nach einiger Zeit rollte dann Mirco D. mit einer sehr langen, silberfarbenen Karosserie mit Fenstergardinchen vor und sprang fröhlich aus dem Gefährt.

Wir trauten unseren Augen nicht.

»Habe ich aus alten DDR-Beständen, ist ein alter Volvo 244 Langversion, noch vom Erich Honecker«, brabbelte er. »Kommen Sie«.

Wir näherten uns den hinteren Fahrertüren und schauten hinein. Feinstes abgenutztes Leder, abgewetzt von einem original Sozialistenhintern.

Und was war das? Hinten drin lagen je zwei kleine Ost-Deutschlandfähnchen mit Holzstiel.

»Wurde früher beflaggt, wissen Sie«, quatschte Mirco weiter.

In diesem Moment hörte ich Jonas S. sagen: »Na, dann montieren Sie die Dinger mal beide vorne an den Kotflügelhalterungen. Wenn schon, denn schon«. Erstmalig seit ich ihn kannte huschte der Anflug eines Lächelns über sein blasses Gesicht.

»Haben Sie auch noch eine Fahrermütze?«, legte er nach.

»Natürlich«, antwortete Mirco D.«

»Aufsetzen.« Jonas S. war nicht wiederzuerkennen.

Völlig konsterniert setzte ich mich hinten neben ihn in die Staatskarosse und Mirco D. rollte stilecht langsam los.

So ging es die ersten Kilometer vom Flughafen weg über die dösigen Schwabenlanddörfer.

Bisterbach, Bunzbach, Dollbach, wie die auch immer hießen.

Mirco D. rollte und rollte wie die Kutsche der Queen. Und was noch viel irrer war: Die Leute in den Käffern blieben stehen, gestikulierten, zeigten auf uns und einige riefen »Hurra« und warfen ihre Bauernmützen und Hände hoch.

Die Knalltüten glaubten wohl, hoher Staatsbesuch würde sich die Ehre geben.

Jonas R. genoss sichtlich diesen Volksjubel und machte mit der rechten Hand lässig den Kaisergruß mit zynischem Grinsen. Da trat wieder seine ganze pseudo-britische Arroganz zum Vorschein. Und ich?

Ich glaubte es kaum und schämte mich für die schreckliche Doofheit dieser Deppen.

Hatten die eigentlich mal einen Blick auf die DDR-Fahnen geworfen?

Schließlich fuhren wir noch pünktlich zum Review vor, welches alles in allem sehr gut verlief. Bonus gesichert!

Auf der Rückfahrt bestimmte Jonas R., die Flaggen wieder abzunehmen. Für heute hätten wir genug Spaß gehabt.

Na denn.

Königswissen

Die Werbetheorie an sich ist keine exakte Wissenschaft. So wie Physik oder Chemie. Viel mehr entlehnt sie ihre Grundlagen aus vielen anderen Wissensgebieten wie der Mathematik, der Psychologie, der Soziologie, der Design-/Gestaltungslehre, der Sprachenforschung, der Betriebswirtschaftslehre usw.

Aber auch praktische, handwerkliche Erfahrungen mit konkreten Werbefällen spielen eine sehr große Rolle.

Im Wesentlichen erlangt man letztere über die Jahre on the Job, durch Anleitung von Werbern, die »es können«, durch fachspezifische Literatur sowie durch Fallstudien und internationale Seminare. Manchmal sogar durch Kunden.

Im Verlauf meiner Karriere habe ich viele Fachleute getroffen, sehr viel Literatur und Fallstudien gelesen und auch reihenweise informative Seminare besucht.

Blicke ich heute zurück, war die Anzahl dieser Trigger gewaltig. Die wirklich relevante Wissens-Ausbeute, aber kam nur von wenigen.

In summa hat mich – neben meinem verehrten Marketing Professor Dr. L. Poth ein begnadeter deutsch-britischer Planner geprägt, ein Buch aus den USA über das Thema Markenpositionierung früh geleitet und später ein internationales US Top-Seminar noch rechtzeitig zu einem bahnbrechenden Perspektivwechsel gebracht.

Von diesem Seminar soll die folgende Episode handeln.

Unser Headquarter in Paris hatte zu der Zeit immense Neugeschäftsvorgaben, um das bestehende gute Wachstum der Agenturgruppe kontinuierlich abzusichern.

Um die angeschlossenen Dependancen in Europa noch fitter zu machen, hatten sie dazu einen amerikanischen »Verkaufs-Guru« aus dem Vertriebscoaching für US Industrie – Multis rekrutiert, der sein Wissen bisher nur an ein einziges Konkurrenz-Network vorher verkauft hatte und die wohl nicht mehr aus dem Schwärmen kamen.

Geplant, getan. Auch aus Deutschland wurden fünf Repräsentanten, die als New Business- Hoffnungen galten, nach Zürich zum internationalen Seminar eingeladen. Einer davon war ich.

Wir trafen uns in einem schicken Kongresshotel und sollten über zweieinhalb Tage dazulernen.

So saßen wir eines Morgens da, frisch gestärkt von einem exzellenten Frühstück, ungefähr 25 Werber aus Europa, alle schon ein paar Jahre im Job, zumeist Berater und erwarteten gespannt den uns verordneten Ami. Und dann kam er.

Vance Stoddard aus Texas, USA.

Ich werde seinen Auftritt niemals vergessen: Mr. Stoddard war ein sehr großer, stämmiger Texaner. Mit einem weißen Stetson auf dem Kopf und einer dicken braunen Hornbrille in einem fleischigen Gesicht. Hellblaue wache Augen. Ein weißer Leinenanzug mit superteuren Texasstiefeln und einem goldenen Siegelring an seiner linken Hand.

»Hello guys, how are you doing«, waren seine ersten Worte. Eine dunkle, maskuline Stimme, die sofort Ehrfurcht aber auch Vertrauen einflößte.

Er hatte seit Jahren eine sehr gut laufende Unternehmensberatung in Houston, von der er uns einleitend erzählte. Dann sollten wir uns und unsere Geschichte sowie unsere bisherigen Erfahrungen mit dem New Business Geschäft vorstellen..

Es kam das Übliche: Viele Anläufe bei potentiellen Neukunden – relativ wenig schnelle Abschlüsse. Zeitraubend und kostenintensiv.

Vance Stoddard kannte das alles.

»Today and the next days, I gonna change your perspective on New Bizz«, sprach er und seine Augen lachten wissend.

Was dann die kommenden Tage an Programm über uns hereinbrach war exorbitant.

Mr. Stoddard erklärte uns zentral, dass es bei NB gar nicht auf das Was und Wer beim Neukunden ankam, sondern, dass die Art und Weise, wie wir unsere Angebote den Kunden gegenüber offerierten, der entscheidende Faktor wäre, um zum Geschäftserfolg zu kommen. Brillianz des Angebotes ist nur selbstverständliche Voraussetzung.

Dabei würden vier Grundtypen von Menschen, je nach individueller Persönlichkeit, gezielt unterschiedlich anzusprechen sein.

Er nannte das den »Chemistry-Faktor«.

Die weichen Faktoren sind der Hebel, was übrigens nichts mit Gefälligkeit oder Ähnlichem zu tun hat, sondern einzig mit Profiling.

Man könnte auch sagen: Der Wurm muss dem Fisch schmecken – nicht dem Angler.

So einfach – und doch so schwer zu lernen.

Mit dem Lernen dieser Toolbox, deren Grundlagen historisch betrachtet eigentlich von den Ägyptern erfunden worden waren, hatten wir alle Hände voll zu tun, mussten wir doch auch viele liebgewonnene Vorurteile über Bord werfen. Neu denken.

Mit jeder Fallstudien – Runde wurde ich begeisterter und wissbegieriger. Ich empfand Vance Stoddards Lehre als Aufbruch in eine völlig neue Zeit.

Diese Toolbox hatte mir bisher so oft gefehlt. Ich merkte, fortan könnte ich mit diesem Wissen viel erfolgreicher punkten. Und so ging es sicher auch dem einen oder anderen Mitstreiter vor Ort.

Das Seminar ging leider wie im Flug viel zu schnell zu Ende.

Nach fast sieben Jahren im Job hatte ich einen totalen Perspektivwechsel vollzogen.

»Big Shot«, hätte Vance gesagt.

Vom nächsten Tag an wendete ich das neu erlernte Wissen in der Akquisition kontinuierlich an. Und nach kurzen Anlaufschwierigkeiten punktete ich im Neugeschäft, dass es krachte.

Klar, 100 Prozent schafft man nie, aber die zeitweise 80 Prozent Win – Quote war schon knackig.

Im Rahmen meiner vielen NB-Schlachten in den letzten drei Jahrzehnten hat mir dieses Königswissen oftmals das entscheidende Plus in Wettbewerbspräsentationen versus der lieben Konkurrenz gegeben. Vance Stoddard sei Dank!

Witzig: Ziemlich zum Ende meiner Karriere war ich nochmal von einem mir gut bekannten französischen Network zu einem Vortrag über Erfolgsstrategien bei der Neukundengewinnung nach Istanbul eingeladen worden.

Ich streifte bei meinem Vortrag nicht ganz zufällig das Chemistry Thema, als im Auditorium ein Manager aus den Niederlanden, so in meinem Alter, die Hand hob und verdutzt fragte. »Waren Sie auch bei Vance?«. Ich nickte leicht.

Ja, ich hatte den Vorzug, Vance Stoddard kennengelernt haben zu dürfen!

New York – Montreal – New York

Unsere Gallier waren weiter auf Expansionskurs und hatten gerade eine der Top Kreativagenturen in NY gekauft.

Um die Sache rund zu machen, hatten sie auch direkt ein zweites Headquarter – neben Paris – an den Big Apple verlegt.

Der Geschäftserfolg ließ nicht lange auf sich warten. In einer harten Wettbewerbspräsentation gewannen sie den Etat des zweitgrößten Telekommunikationsriesen der USA. Chapeau!

Diese US-Unternehmung hatte sich zum Ziel gesetzt, so schnell wie möglich auch den europäischen Markt zu erobern.

Dazu brauchten sie jede Menge Insights über den europäischen Konsumenten und sein Verhalten in der Telekommunikation. Land für Land.

Flugs war ein europäisches Gremium aus Franzosen, Engländern und Deutschen gebildet, die die nötigen Informationen beratend einspielen sollten.

Da mein Englisch exzellent war, gehörte ich als Repräsentant für den deutschen Markt von der ersten Stunde an dazu.

Super Sache, dachte ich, als mein Chairman mit der Idee um die Ecke kam.

Mindestens vier Mal im Jahr zu Beratungen nach New York. Advertising kann so schön sein.

Und das Beste: es sollte schon in ein paar Tagen losgehen.

Es war Anfang Januar, mitten in der Winterzeit, als das Meeting für New York festgesetzt wurde. Alle, auch meine Kollegen aus den anderen europäischen Metropolen, waren völlig aufgeregt. Ich packte eiligst meine Tasche für leider nur vier angesetzte Tage. Aber vier Tage mit den Amis und das in der tollsten Stadt der Welt.

Und dann ging es nach tagelangen Marktrecherchen endlich los.

Morgens flog ich noch schnell zu einem anderen unaufschiebbaren Geschäftstermin nach Berlin, erwischte aber danach rechtzeitig noch meinen Flieger nach NY, aus Frankfurt heraus.

Business Class, voller Service. Bei der Ankunft sollte uns eine Stretchlimo abholen. Die Amerikaner ließen sich nicht lumpen.

So flogen wir aus den unterschiedlichen europäischen Flughäfen getrennt an.

Ich hörte schon frühzeitig während des Fluges, dass sich die Wetterverhältnisse an der gesamten Ostküste über Nacht dramatisch verändert hatten.

Man berichtete von schweren Schneestürmen und möglichen noch folgenden Blizzards gegen die ein deutsches Gewitter ein kleines »Schäuerchen« ist.

Schon über Ostküstenboden kam dann die abrupte Nachricht des Piloten, dass wir nicht mehr auf dem Flughafen JFK landen dürften. Da war mittlerweile das volle Winterchaos ausgebrochen. Rien ne va plus, hätten meine gallischen Inhaber gesagt.

So wurden wir im Notmodus nach Kanada umgeleitet. Genauer gesagt nach Montreal.

Oh shit, und mein Meeting in NY?

Hinter den Kulissen waren die Headquarter schon eifrig die Termine am Schieben, was ich aber in Gänze erst später erfuhr.

Einige Zeit später, man konnte aus dem Flieger nach draußen nichts mehr sehen, war wohl schon Abend, landeten wir in Montreal und wurden direkt Downtown in ein edles Hilton Stadthotel eingewiesen. Es schneite wie aus dicken Kissen und langsam wurde ich auch etwas müde, war ich doch schon gefühlt zwei Tage nonstop unterwegs.

Nachdem ich eingecheckt hatte, telefonierte ich mir nach Deutschland die Finger wund. E-Mail war damals ja noch nicht.

Nach einer Mütze voll Tiefschlaf trat ich am kommenden Morgen kurz mal vor die Tür. Minus 34 Grad. Mir stockte der Atem ob dieser trockenen Mordskälte. Und jetzt?

Ich lernte zufällig in den folgenden zwei Tagen noch den Vorstand einer deutschen Telefongesellschaft kennen. Guter Typ, der mir wegen meiner viel zu knappen Kleiderliste noch ein Oberhemd auslieh. Na, wir kamen ja fast auch aus der gleichen Branche, gell?

Kommunikation mit Deutschland war technisch irgendwie schwierig. Ich wusste nur, dass ich nach der Evakuierung wieder nach NY fliegen sollte, der Kunde wäre noch in der Stadt und würde warten. Alles easy...

Nach zwei Tagen ließ der Schnee etwas nach und es ging jetzt wieder zurück nach NY JFK Airport.

Angeblich war der wieder in Betrieb und tatsächlich landeten wir zur Mittagszeit mit einem sicheren »Bums« auf der Rollbahn.

Ich eilte schnell nach den Formalitäten zum Exit, nur keine weitere Zeit verlieren.

Draußen erwartete mich ein traumhaft verschneites NY. Groß und still.

Meterhohe Schneemassen, wenig Verkehr und nur ein einziges Taxi am Horizont.

Mit meinen Salontretern kam ich gerade noch rechtzeitig am gelben Cab an und teilte mir mit einer jungen, hübschen Italienerin die Kiste.

Es ging recht langsam durch die vereisten Straßen, die Temperatur zeigte immer noch knackige Minus fünfzehn Grad.

Nach knapp einer Stunde Fahrt enterte ich rennend unser Headquarter Building.

Trotz der Kälte war es mir irgendwie kalt und warm zugleich.

Das junge Rezeptions-Girl begrüßte mich stürmisch und sagte: »Hi, you really make it. Sensationell. Absolutely great the Germans!«

Ich wurde nach einem schnellen Kaffee sofort in den Konfi durchgereicht.

Überraschung: Keiner meiner europäischen Kollegen war anwesend.

Paris war umgekehrt, England wohl im Thunderstorm verschollen – aber die Texaner, unser Kunde, waren nahezu vollzählig an Bord. Yeah!

Sie lümmelten rund um einen langen Tisch in dicken Ledersesseln rum – mit traumhaften Ausblick auf die verschneite City.

Ihre Cowboyhüte hatten sie feinsäuberlich an Haken in der Wand positioniert.

Und eine halbleere Flasche bester Bourbon kreiste über den Konfitisch.

»He man, great guy, take a drink with us«, hörte ich Mr. Brown, den Managing Director, schon etwas besäuselt zu mir sagen.

Eine wirklich nette und lustige Truppe. Mein neuer Kunde.

Mit dem Arbeiten war es allerdings an diesem Tag nicht mehr viel.

Und ich hatte mich doch extra so beeilt.

Prominente! Prominente?

Kann der Einsatz von Prominenten als Testimonials die Werbewirkung wirklich immer erhöhen?

Viele Auftraggeber glauben nach wie vor felsenfest daran. Und außerdem ist es ja auch ziemlich chic, wenn man als Kunde am Set seinen geliebten Promi mal sprechen und anfassen kann – und erst die gemeinsamen Bilder für Freunde und Bekannte...

Ich habe da so meine Zweifel am Promi-Bonus. Im Einzelfall kann es wirken, aber das Instrument wird in der Breite maßlos überschätzt.

Unterschätzt wird allerdings, was man mit den sogenannten A,- B,- und C,- Prominenten so alles Schauriges erleben kann.

In den vielen Jahren in der Branche habe ich da so meine Erfahrungen gemacht.

Hier vier groteske Stories als Kostprobe:

Fall eins handelt von einer Top-Ten Tennisspielerin, die wir für eine internationale Parfümwerbekampagne engagieren sollten. Der Kunde war ganz verrückt nach ihr und befand sich schon Stunden vorher am Set, wo die Fotos gemacht werden sollten.

Pünktlich, zwei Stunden zu spät, kam die Gute mit ihrer ganzen Entourage, bestehend aus Repräsentanten ihres Managements, ihrem Leibfotografen und einem Bodyguard an.

Orangensaft ohne Eis und US-Müsli standen schon wie gewünscht parat, als die Maulerei begann. Eigentlich war vereinbart, dass sie hohe Pumps anziehen musste, aber da hatten wir die Rechnung ohne ihren Management-Repräsentanten gemacht.

»She will wear only Sneakers. It´s too dangerous to use Highheels«, pupte der uns blasiert an. Im Vertrag, mit einem satten Honorar dotiert, stand allerdings was völlig anderes.

Nun, Sneakers oder Abbruch? Die Aufschlagfee sagte gar nichts und saugte nur selig an ihrem Saft.

Am Ende ließen wir uns breitschlagen und der Bildausschnitt zeigte sie eben nur noch bis zum Hintern.

Das Megahonorar kassierte sie trotzdem. Unprofessionell.

Anekdote zwei ist auch nicht schlecht:

Eines Tages stand ich bei einem meiner Kunden im Büro. Großer Topkunde, achter Stock im Hauptgebäude, als mich der Marketingleiter in seinem Büro ans Fenster bat.

Wir blickten es war gegen Mittag auf den Hof, wo ein Taxi vorfuhr und eine dunkelhaarige Frau im roten Kostüm elegisch ausstieg.

»Die kommt zweimal die Woche und besucht unseren Vorstand, Herrn Dr. Rille«, grinste er süffisant. »Dann kommen Sie zwei Stunden nicht in sein Büro, Sie wissen schon.«

»Kriegt die Geld dafür?«, hörte ich mich interessiert fragen.

»Nee, ich glaube nicht, ist doch ne junge Prominente aus dem Fernsehen. Die müssten Sie doch kennen. Biene F. Die macht doch immer in den Werbefilmchen mit.«

Da erkannte ich sie. Klassischer C-Promi, der wohl seine noch junge Karriere mit einem graumelierten Vorstand sozial absichern wollte. Sachen gibt es.

Die ist übrigens noch heute medial unterwegs und wird sich an dieses Kapitel sicherlich nicht so gerne mehr erinnern wollen, könnte ich mir vorstellen.

Nummer drei war nicht weniger schmackig.

Wir hatten diese Dame auf besonderen Wunsch unseres Kunden, Europachef eines bedeutenden Foodunternehmens, engagiert. Ging damals um einen TV-Spot für Joghurts.

Die »Dame«, eine TV Pflanze, war schon recht prominent in diesem unseren Lande. Eine schrecklich gewöhnliche Natur mit extrem lautem Lachen und gebleachten vorderen Zahnreihen. Und ja, etwas korpulent war sie auch.

Auf dem Dreh unterhielt sie die ganze Crew mit ständig neuen

Zoten. Die quatschte vor allem unseren Regisseur und den Aufnahmeleiter fast schwindelig. Plappern ohne Unterlass. Und das bei dem Zeitdruck.

Dazu verlangte sie ständig nach neuen Joghurttöpfchen, die sie begierig in sich reindrückte. »Echt lecker die Dinger, vor allem Erdbeer«, schwadronierte sie kaum verständlich mit noch vollem Mund. Da wo sie herkam, war das wohl der Standard. Gruseliger Dreh.

Aber unser Kunde schwelgte, er war seiner »Dicken« jetzt endlich einmal ganz nah. Was für ein bahnbrechendes Lebenserlebnis.

Der Film wurde leider weniger bahnbrechend und testete später als finsterstes Mittelmaß. An die Trulla erinnerten sich die Testpersonen alle, an die ach so leckeren Töpfchen, vor allem Erdbeer, eher weniger. Wasted money!

Fall vier hätte so schön werden können.

Wir hatten für eine sehr große Marke einen wirklich bekannten und im Publikum sehr beliebten Top-Sportler ausgewählt. Einen richtigen Gentleman-Sunnyboy.

Testimonial und Marke passten einmal perfekt zusammen und auch das Konzept unserer Kreativen war im wahrsten Sinne des Wortes sehr kreativ.

Die Vertragsverhandlungen sollte sein langjähriger Geschäftspartner und Manager mit uns direkt führen. Dazu besuchte er uns an einem sonnigen Dienstag, kurz bevor die Action starten sollte, in unseren heiligen Gemächern.

Alleine und in einem Look, der jeder Beschreibung spottete.

Herr Wolly, so um die fünfzig, trat mit wilden langen, ungepflegten Haaren und einem echten Luden-Look auf:

Weit aufgerissenes weißes Hemd, was den Blick auf eine große Goldkreuzkette und mehrere Tätowierungen auf der Brust freigab.

Eine schmierige Luxusjeans und graue Krokostiefel rundeten das optische Gesamtkunstwerk fein ab. Ein Prolet.

Die Verhandlungen hinsichtlich seines Mandanten gingen aber leichtläufiger zu Ende als wir es erwartet hatten.

Er war schon fast auf dem Weg aus dem Sitzungsraum, als er sich nochmal umdrehte.

»Ach wissens: Geld ist mir nicht so wichtig, da haben wir genug von«, tönte er mit heiserer Zigarettenstimme.

»Wissens, wie ich die erste Mille gemacht habe?«, fragte er großspurig in die Runde.

Wir verneinten mechanisch.

»Mit Puffs – mir gehören heute noch drei Stück am Rhein«, blökte er.

»Mal Interesse mich dort zu besuchen? Habe gerade eine neue »Lieferung« aus Moldawien gekriegt«, sagte er mit besitzerstolzer Stimme.

Wir waren bedient. Der sah nicht nur aus wie ein Zuhälter, der war auch einer.

Und was für einer.

Benzinsturm

Das laufende Geschäftsjahr startete gut. Im Sommer hatten wir schon drei neue, große Etats gewonnen und keinen Kunden verloren. An zwei Wins waren meine Unit und ich maßgeblich beteiligt. Es rockte.

Das Glück erhöhte sich noch, da wir von unserem Headquarter in Paris einen weiteren neuen Kunden zugeschanzt bekamen. Die MOWA, ihres Zeichens größtes Tankstellennetz der verflossenen DDR.

Der Traditions-Mega-Kunde unserer Franzosen, ein Mineralölriese, hatte die einfach gekauft, um seine Stamm-Marke in den Osten Deutschlands zu tragen. Dazu sollte die Marke MOWA unter die französische Dachmarke rutschen und Schritt für Schritt verschwinden. Unser Network war erfreulicherweise mit dieser Aufgabe betraut worden.

Die Franzosen schlugen einen Arbeitssplit vor: Sie wollten sich um die Merger-Promotion und Tankstellenausstattung kümmern, schließlich hatten sie nach eigenem Bekunden riesig Erfahrung in sowas, während wir die TV Werbung verantworten sollten.

Das Tollste aber war: Die Umstellungskommunikation sollte in persona direkt von Guy S. geführt werden, Gesellschafter der Agentur und einer der größten Kreativen Frankreichs.

Ich kannte ihn bisher nur als cc aus diversen Mails, aber sein Ruf war wie ein kreativer Donnerhall.

Da ich als leitender Berater mit dem Projekt beauftragt wurde, würde ich ihn wohl bald persönlich kennenlernen. Wow!

Und so kam es dann auch. Tage später betrat ich mittags mein Büro und ein kleiner, wettergegerbter Mittfünfziger in grauer Stoffhose und grünem Parka drehte sich in meinem Schreibtischsessel wohlig hin und her. »Bon jour«, Guy!

Obwohl er wenig Deutsch und Englisch konnte, kamen wir schnell gut ins Gespräch.

Er war für eine Besichtigungstour des MOWA-Tankstellennetzes gekommen, auf deren Ergebnissen die kommende Kreativkonzeption aufsetzen sollte.

Eines Morgens ging es dann mit Guy, seiner Entourage und mir in einen Reisebus via Ostdeutschland – drei Tage Benzinhähne gucken.

Was wir sahen, war ernüchternd: Verdreckte Tankstationen, demotivierte Sprit- Kolchosenwärter und überall Gammel und Öllachen. Dazu wenig Betrieb vor Ort.

Nach drei Tagen reiste Guy S. wohl etwas desillusioniert wieder nach Paris zurück.

Er ließ unter seiner Anleitung eine große Gewinnspielaktion und die für die »Umflaggung« nötige Tankstellenaustattung konzipieren. Wir entwickelten das dazu gehörende TV-Commercial mit einem zu der Zeit weltbekannten Motorsportler als zugkräftigem Testimonial.

Drei Wochen später war schon Präsentation in Berlin, dem deutschen Hauptsitz der französischen Stammmarke.

Eine wahrlich riesige Veranstaltung, mit allen französischen und deutschen Vorständen des Kunden, Agentur-Franzosen nebst Übersetzer, mit unserem deutschen Chairman, unserem Kreativ-Chef und mir sowie natürlich Guy S., dem Guru, der das uneingeschränkte Vertrauen des Kunden besaß. Er war der Hero, sein Wort zählte.

Die Präsentation lief erwartungsgemäß zäh aber dennoch recht erfolgreich.

Guy S. sagte die meiste Zeit fast kein Wort, sondern beobachtete alles von seinem Olymp. Der Rest schwadronierte weiter vor sich hin.

An zwei Stellen griff er aber vehement ein:

Zum offenen Thema, welcher Zugabeartikel an den Tankstellen verschenkt werden sollte, sinnierte er einige Minuten mit geschlossenen Augen. Es war mucksmäuschenstill im Konferenzsaal.

Er dreht dabei gedankenversunken seine Kaffeetasse, ein sehr teures Porzellanstück, in seinen Händen, und dann gebar der Berg die Maus: »We will take Cups, these Cups – with the Brand Logo,« sagte er sehr leise und ein Aufatmen des gesamten Vorstands war zu hören.

»He recommends us cups, very good idea, Guy«, unterstrich der Vorstandsvorsitzende Guy´s Geniestreich. Alle nickten einhellig.

Mir wurde heiß und kalt. Diese Cups waren von erlesener Qualität und vor allem von erlesenem Einstandspreis. Das würde vor der strengen deutschen Zugabeverordnung niemals das Licht der Welt erblicken.

Ich setzte schon vorsichtig zur Gegenrede an, als mein Chairman mich abrupt zurückhielt und zischte: »Lass gut sein, läuft doch gerade prima, das regeln wir später«. Chance vertan.

Der zweite Klopper folgte beim zu verabschiedenden Timing.

Die Vorbereitung und Implementierung einer so großen Gesamtkampagne mit Tankstellenbestückung, immerhin eine knapp dreistellige Anzahl von Stationen, würde nach meiner damaligen Vorstellung mindestens drei bis vier Monate Zeit bedürfen.

Dazu hörte ich Guy S. dann eilig sagen: »I think our famous agency will do it within five weeks, yes five weeks at max.« Protokoll!

Der Kunde tobte vor Glück. Wir Agenturleute schauten uns nur an. Uns fehlten die Worte. Der Drops war gelutscht. Fünf Wochen bis zum Start, rechtzeitig zum Herbstanfang im schönen Osten der Republik.

Vom nächsten Tag an ging nach der vereinbarten Arbeitsteilung das große Wuchten los.

Wir arbeiteten in Deutschland bis zum Anschlag und es sollte bald noch viel schlimmer kommen.

Die Wochen vergingen, die Tausenden von Cups waren in Chargen bestellt, der TV Film wurde unter Hochdruck produziert und wir kümmerten uns aus Deutschland heraus auch um die lokalen Monteurtruppen, die die Promotion-Materialien an den Tankstellen anbringen sollten, sofern die denn mal kommen würden. Fahnen, Wimpelketten, Aufsteller usw.

Ja, wo blieben denn die Franzosen?

Man hörte wenig und sah nichts, bis vier Tage vor dem Starttermin der ganze Plunder aus Frankreich endlich angeliefert wurde.

Mein Produktionschef Manfred nahm die mit heißer Nadel zusammengewurschtelten Teile entgegen. Er machte erste Qualitätsstichproben.

»Du, die taugen nichts, miese Halterungen, dünnster Stoff, fehlende Befestigungen. »Au weia«, hörte ich ihn stöhnen.

Trotzdem, es blieb keine Zeit zu verlieren, wir lieferten den ganzen Mist an die Monteure schnellstmöglich per Bahnexpress und LKW aus.

Ab jetzt hatten die Tag und Nachtschicht ohne Pause.

Noch drei Tage und drei Nächte.

Ob man es glaubt oder nicht, wie immer wurden wir fertig.

Montags ging die größte TV-gestützte Gewinnspielaktion eines deutschen Tankstellennetzes an den Start. Punkt acht Uhr wurde aufgemacht.

Und dann?

Dann kam der erste Herbststurm! Was sage ich – ein Hurricane!

Von Montagnachmittag auf Dienstagmorgen raste die erste Sturmwelle über Ostdeutschland. Dann folgte die zweite und dritte Welle.

Unsere Telefone standen nicht mehr still. Eine Tankstellendeko, vor allem die Fahnen und Wimpelketten, eine nach der anderen rissen ab und zerfledderten sich in Sekunden. Die zu leichten Aufsteller flogen durch die Luft. Gefahr eines Kollateralschadens.

Alle Beteiligten tobten zumeist noch schlimmer als der Sturm. Der Kunde war geladen, die Pächter schrien uns an, unsere Franzosen schickten uns despektierliche E-mails und auch bei mir intern in der Agentur begann die Hackerei, wer da wohl Mist gebaut hatte.

Manfred und mir war das klar, aber jetzt ging es erstmal um Schadensbegrenzung. Er schickte Reparaturtruppen raus, die dem Desaster aber nicht Herr werden konnten. Ich versuchte die Kunden in Berlin zu beruhigen und uns die Franzosen in Paris vom Hals zu halten. Ständig durfte ich auch unserem spitzfingerigen Chairman mit immer neuen Lage-Berichten erfreuen.

Wir arbeiteten Tag und Nacht – fast zwei lange Wochen lang.

Dann legte sich der Sturm, aber die Aktion war voll in die Hose gegangen. Kunden der Tankstellen fanden zumeist nur noch Trümmer der Mergerpromotion vor.

Zu allem Überfluss drohte aber schon das nächste Desaster.

Die im Rahmen der Berlin Präsentation verabschiedeten Cups, Sie erinnern sich an Guy´s Geistesblitz, wurden – wie von mir befürchtet – Gegenstand einer Abmahnung von Seiten der lieben Konkurrenz.

Ergebnis: Sofortige Unterlassungserklärung und Herausnehmen aller Cups aus dem Verkehr. Nur wohin?

Schließlich fanden wir ein Hochregallager, welches die Cups in turmgroßer Höhe gegen eine saftige Logistikmiete zeitlich befristet aufnahm. Der Wahnsinn war nicht mehr zu stoppen. Murphy´s Law war in vollem Gange.

Die jeweiligen, bereits aufgezählten Protagonisten brüllten uns weiter an und machten Deutschland für den Millionenschaden schon mal rechtzeitig verantwortlich. Und Manfred, meine tapferen Leute – allen voran mein Account-Executive Arno – und ich mittendrin.

Nach Wochen lief die Aktion vorzeitig endlich mit unterdurchschnittlichen Ergebnissen und überdurchschnittlichen Mehrkosten aus.

Mein Team und ich waren nervlich am Ende.

Übrigens, bis dahin von Guy S. kein einziges Lebenszeichen. Tja, mit Operations beschäftigt sich jemand wie er eben nicht, das machen dann immer die Anderen.

Nachdem die Franzosen den Kunden, wie auch immer, wieder einigermaßen runtergekühlt hatten, ging es an die interne Schuldverarbeitung.

Der folgte dann die interne Kostenzuweisung, natürlich mit einer Hauptlast für Deutschland. Begründung: Wir hätten nicht rechtzeitig die marode Ware bemängelt – vier Tage vor dem Aktionsstart...??? Und auch nicht schnell genug gegen den Sturm reparieren lassen...??? Und überhaupt...??? Und ich als verantwortlicher Manager...??? Deutsch-französische Freundschaft, dass ich nicht lache.

Ich bekam dann nach Wochen noch eine Vorladung in die Zentrale nach Paris. Mein Chairman war schon vorher einer Einladung gefolgt. Er blieb im Amt.

Unser President, ein fairer Mann aus altem französischen Militäradel, nahm zwar alle persönlichen Vorwürfe, die Dritte gegen mich erhoben hatten zurück, jedoch blieb nach diesem »White-wash« trotzdem irgendwas von der schäbigen Nummer an meiner Werberseele hängen.

Vielleicht war ich auch schon zu lange in dem Verein unterwegs gewesen, hatte zu viel gesehen und beschloss schließlich, mir einen neuen Zirkus zu suchen.

Mein langjähriger Personalberater wurde in der Folge recht schnell fündig und ich kündigte noch im Herbst des gleichen Jahres.

Ausgestürmt!

Frau Werth

Glückliche Kunden sind das Rückgrat einer jeden erfolgreichen Agentur – eine Binsenweisheit.

Management, Kreation und Account kümmern sich an vorderster Front um deren seeligen Gemütszustand täglich, zumindest meistens. Aber nur die?

Nein, es gibt in jeder Agentur einzelne, unerkannte Perlen, die wie Kitt jeden Tag für eine positive Außenwirkung sorgen. Ich nenne sie die Alltagshelden.

Von einer solchen wahren Heldin möchte ich erzählen – Frau Werth.

Ich hatte zwischenzeitlich bei einer sehr namhaften deutschen Top-Werbeagentur als Geschäftsleitungsmitglied mit Ausblick auf einen Geschäftsführer-Posten angeheuert.

Ironischerweise war die Agentur im Besitz der weltgrößten französischen Agentur Holding.

Ich wurde die Gallier einfach nicht los!

Schon an meinem ersten Arbeitstag fiel mir Frau Werth auf.

Frau Werth war eine der Empfangsdamen, optisch eher eine graue Maus, so um die fünfzig Jahre, dezent gekleidet mit einer markanten Hornbrille im Gesicht. Sehr charmant, mit einem nicht zu duplizierenden, wunderbaren Lächeln und einer Stimme, die direkt ein Wohlgefühl, ein Willkommen signalisierte.

»Guten Morgen, Herr Meyer, schön, dass Sie jetzt bei uns sind«, flötete Sie mich an.

»Und einen schönen ersten Tag, wünsche ich Ihnen«:

Ich war berührt, dachte aber, bestimmt ihre tricksige Masche, um Punkte beim Neuen zu sammeln.

Da sollte ich mich getäuscht haben. In dem Kurs ging es morgens und abends, wenn sie Schicht hatte, freundlich weiter. Frau Werth war einfach so, ein lieber Mensch!

Ich mochte sie und ging fortan immer besonders höflich und sorgsam mit ihr um.

Die folgende Zeit war extrem mit Arbeit angefüllt und ich war morgens der Erste und abends der Letzte. Der Erfolg gab mir Recht. Nach geraumer Zeit wurde ich offiziell zum Geschäftsführer Beratung ins Top-Management der Agentur befördert. Geil!

Als erstes legte ich, in neuer Verantwortung, bei unseren Kunden eine Zufriedenheitsstudie auf. Wie gut fanden sie uns, warum und welche Agenturmitarbeiter besonders? Geschäft absichern war meine Devise.

Die Auswertung ließ nicht lange auf sich warten.

Und da war sie wieder: Frau Werth.

Neben den üblich zu erwartenden performenden Agentur-Kundensklaven, stand ihr Name auf jedem zweiten Zettel, teilweise mit Ausrufezeichen und netten Kommentaren:

»Immer freundlich, ein Supermensch, freue mich immer, mit ihr zu telefonieren, die Visitenkarte der Agentur, welch eine sympathische Stimme, kann ich sie abwerben, ist die wirklich so nett« und viele, viele weitere herzerfrischende Comments.

Mir wurde klar, Frau Wert war eine dieser Alltagsheldinnen, ein menschliches Asset der Agentur, das bis dato noch keiner in der Geschäftsführung so wahrgenommen hatte. Empfang eben »nur.«

Ich teilte die Ergebnisse mit meinen Kollegen, setzte eine kleine Gehaltserhöhung für sie durch und schwor mir, immer eine Hand über sie zu halten.

Das wurde schneller nötig als gedacht. Frau Werth wurde ziemlich krank und fiel über vier Monate aus.

Erste merkantil-juvenil sortierte Mitstreiter wollten sie schon gegen eine Jüngere in den Vorruhestand – sie meinten Arbeitslosigkeit – schicken.

Nicht mit mir. Ich zog die Vetokarte und überbrückte ihre Absenz mit einer drallen, doofen Blondine, die zumindest einigermaßen höflich war. So hatten auch meine GF- Kollegen ein paar Wochen was zu bestaunen.

Eines Morgens betrat ich wieder unser Foyer und sah sie ihre Unterlagen am Desk sortieren.

»Guten Morgen, Herr Meyer, schön Sie zu sehen. War viel los die vergangenen Wochen, Sie sehen so blass aus?«

»Nein, nein, alles gut, schön, dass Sie wieder da sind«, hörte ich mich beschwingt sagen. Mittags ließ ich ihr von meiner PA noch einen wundervollen Frühlingstrauß bringen – von uns allen natürlich!

Meine Alltagsheldin begleitete mich all die kommenden Jahre in dieser Agentur. Ob sie wohl je gewusst hat, was sie als Frau Werth für unser Haus wirklich wert gewesen ist?

Tiefschlaf

Es gab sie und gibt sie noch heute: Die langjährigen Geschäfts-
beziehungen von Kunden und Agenturen.

Manchmal hielten die länger als jede Ehe, oftmals viele Jahrzehnte lang.

Wir hatten das Glück, mit einem großen japanischen Automo-
bilhersteller, solch einen Kunden zu haben. 22 Jahre war schon
eine reife Zeit.

Und doch, wie in jeder guten Ehe, kriselt es mal. In den letzten
Jahren gingen unsere Engagements spürbar zurück.

Zentraler Grund war unsere nationale »Stand-alone« Position,
aus der wir sie nur in Deutschland betreuen konnten. Unser
französisches Mutter-Network schied international leider aus
Konkurrenzgründen aus, da sie selber einen großen Autobauer
seit Jahren auf der Kundenliste hatten.

Deshalb griffen wir nach jedem Strohhalm, das Geschäft mit
den Japanern stabilisieren zu können.

Eines Morgens kam unser bayerischer Chairman ins Büro
und sagte strahlend: »Mensch, wir haben eine wichtige Wettbewerbspräsentation vor der Brust, unsere Japaner lassen um
einen neuen Etat pitchen und wir sind dabei!« Er hatte sein hal-
bes Berufsleben für die Japaner gearbeitet und war mittlerweile
fast wie ein Familienmitglied in Tokio angesehen.

Die Chance, wieder bei denen zu punkten, war zum Greifen
nah.

Schnell hatten wir die Köpfe für den Pitch versammelt:

Neben unserem Chairman und mir waren das vor allem Jürgen, der Geschäftsführer unserer Mediatochter und Peter, der
beste Auto-CD des Hauses plus Kreativteam. Auch das Strate-
gie-Department wurde in Alarm versetzt.

Das Briefing kam und wir erfuhren zwei wichtige Dinge: Zum
einen hatten wir nur einen Mitkonkurrenten und zum anderen

lag der Focus der Aufgabe – neben einer neuen Werbestrategie – auf einer schlauen Mediastrategie, die für die zu verarztende Kleinwagenmarke supereffizient die künftigen Budgets einsetzen sollte.

Spannende Sache!

Die folgenden Wochen, rubbelten wir rum, bis das Präsentationspaket fertig war. Am folgenden Donnerstag sollte die Schlacht in unserer Agentur stattfinden. Wir waren die Ersten, die präsentieren durften.

Herr Nakagoma, der President der Marke, wollte höchstpersönlich nach Deutschland kommen. Leider wurde das aber nichts, da unser Chairman als sein Pendant zum Präsentationstermin rechtzeitig krankheitsbedingt absagen musste und Nakagomo japanisch folgerichtig, deshalb auf der Insel blieb. Japanisches Hierachiedenken at its best!

Also, Donnerstag elf Uhr ohne unseren automobilen Allvater: Jürgen, Peter und ich erwarteten schon sehnsüchtig die Freunde der aufgehenden Sonne.

Herr Morito, Geschäftsführer Deutschland, Herr Sensai, Marketingleiter Deutschland und ein uns unbekanner junger Drahtbrillenträger, Herr Hiroti, seines Zeichens eine Art internationaler Koordinator aus Tokio, glitten in unsere grauen Ledersessel.

Im Gegensatz zu Herrn Hiroti waren die anderen beiden Sushifreaks schon ältere Semester mit tief ergrauten Haaren. Ansonsten sahen die drei nahezu gleich aus.

Nach den höflichen japanischen Begrüßungsritualen ging es gleich zur Sache:

Jürgen fing an, die zukünftige Mediastrategie mit optimaler Budgetausnutzung, zu erklären. Genial wie immer, er war ein Meister seines Fachs und auch auf Englisch immer auf dem Punkt.

Die Japaner sagten nichts und linsten interessiert auf die Leinwand, Power Point tanzte vor ihren schmalen Augen. Herr Hiroti schrieb alles unablässig mit.

Zum Ende von Jürgens Part fiel es mir erstmalig auf. Sowohl Herr Morito als auch Herr Sensai schlossen immer wieder für Sekunden die Augen. Warum nur, fanden sie es so schlecht?

Dann war ich an der Reihe, die brandneue Strategie mit dem Titel »Clever People« zu vermitteln.

War gar nicht so einfach gewesen, etwas Durschlagendes zu finden. Zwar waren die Kleinwägelchen unkaputtbar, aber sahen zumeist, zumindest nach europäischem Maßstaben, echt verboten aus.

Auch bei meinem engagierten Vortanzen fielen den beiden alten Japaner nimmer wieder die Augen zu. Oh Graus, was war nur los? Mein Mund wurde trocken.

Und weiterhin sagten die nichts. Nur Hiroti schrieb und schrieb, als ob der Samurai hinter ihm her wäre.

Als Peter die paar exemplarischen Layout-Plakate und Print-Entwürfe abschließend hochhielt, waren die Beiden voll weggetreten und man hörte ein leichtes Röcheln und ab und dann einen heftigen Schnarcher.

Peter beeilte sich, nur schnell zum Ende zu kommen. Das würde wohl heute nichts werden, dachte ich mir.

Nach gut zwei Stunden hatten wir fertig, im wahrsten Sinne des Wortes!

Stille im Raum.

Ich fragte sachlich in die Runde: « Gentlemen, do you have any further questions, we can help?« Keine Antwort, die dritte Traumphase hatte wohl gerade begonnen, als Hiroti seinen Griffel weglegte und sagte: »Thank you all for your engaged work. We gonna discuss your recos tomorrow. Than we get back to you soon«.

Na, der war wenigstens noch voll wach.

Wir räumten zusammen und verließen mit Verabschiedung – von Herrn Hiroti – den Raum, ohne die beiden Alten zu wecken. Der Gesichtsverlust wäre wohl auch schrecklich gewesen, wie ich später von Jürgen erfuhr, der tiefschürfende Erfahrungen mit solchen Japaner-Langnasen-Meetings hatte und gar nicht so irritiert wie ich wirkte.

Die Woche ging ins Land, als unser wiedergenesener Allvater Chairman sammeln ließ.

Vor Kopf wie immer, saß er im Konfi und blickte ernst in die Runde, als es plötzlich aus ihm rausbrach: »Hey, wir haben das Ding, guter Job meine Herren. Morito San und Sensai San waren total begeistert! Nagakoma San hat mich eben angerufen. Totales Glück«.

Mir fehlten die Worte, wie konnte das denn gehen?

Später erklärte mir Jürgen, das mit dem Tiefschlaf wäre nichts Ungewöhnliches gewesen, ganz im Gegenteil.

»Weißt du, sagte er zu mir, die gehen den Abend vorher gerne zum Karaoke und saufen sich die Hucke voll, dann läuft am nächsten Tag oft nichts mehr. Das machen die aber nur vor Veranstaltungen, die sie meinen, im Griff zu haben und für den Rest gibt es immer einen »Schreiberling«, der ihnen später alles erzählt.

Japaner stimmen nicht gerne vor »Langnasen« ab, die bleiben lieber unter sich«.

Kampai!

Überraschung

Es war mal wieder Herbst und die Planzahlenabgabe für das kommende Geschäftsjahr stand vor der Tür.

Ein ungemein wichtiger Termin für die Agentur, aber auch für mich persönlich, da das Income des Folgejahres maßgeblich über meine Geschäftsführer-Tantieme bestimmen würde. Also Jagdzeit.

Nach eigener Recherche fehlten mir noch ein paar Scheinchen, was mich veranlasste, die Neugeschäftsbemühungen nochmals zu intensivieren.

Zusätzlich hatte ich mir überlegt, meine mittlerweile auf gut dreißig direkte Mitarbeiter angewachsene Beratertruppe an der Jagd verstärkt teilnehmen zu lassen.

Im Rahmen des allwöchentlichen Montagsmeetings schwor ich sie ein, mir bis Ende der Woche ihre konkreten Ideen und Vorschläge für mehr Geschäft, sowohl mit den bestehenden als auch möglichen neuen Kunden per Mail bitte zukommen zu lassen.

Nun, die Freude war verhalten, bedeutete das doch neben der existierenden Arbeit eine weitere Challenge. Aber gemach – primär waren doch aus meiner Sicht sowieso nur die sechs Management Supervisor gefordert.

Die Woche ging wie immer turbulent zu Ende und freitags erreichten mich dann erwartungsvoll die ersten Mails meines mittleren Managements.

Die üblichen naheliegenden Gedanken, die aber kurzfristig wenig Aussicht auf schnelles Geld zuließen.

Zugegeben, NB braucht auch meist ein wenig Zeit.

Ich wollte gerade zum Lunch gehen, als es an meiner Tür zum Office zaghaft klopfte.

Meine PA Pat konnte es nicht sein, die hatte Urlaub, also rief ich: »Hereinspaziert, wenn es ein Neukunde ist (blöde Idee)«.

Fast unsichtbar betrat daraufhin eine unserer Innenkontakterinnen, Lena, das Zimmer.

Lena war erst ganz kurz bei uns, noch in der Probezeit, aber ich hörte nur Gutes über sie, war wohl ein Glücksgriff.

Ein schmales, kleines Persönchen, nicht sehr eloquent, mit langem dunkelblonden Haaren und einem echten Durchschnittsgesicht.

»Haben Sie eine Minute für mich«, hörte ich sie fiepen.

»Klar, komm rein, was kann ich für dich tun?« Sie traute sich nicht Platz zu nehmen und lief im Gesicht leicht rot an.

»Sie haben uns doch gefragt, ob einer von uns Ideen fürs Neugeschäft hätte, nicht wahr? Ich hätte da vielleicht einen Gedanken.«

Und dann erzählte sie mir von ihrer Schwester, die in einer kleinen Pharmafirma gerade Marketingleiterin geworden wäre und dringend eine Werbeagentur ihres Vertrauens suchte. Und Lena war doch jetzt in einer großen Agentur, könnte man da nicht...

Den Lunch hatte ich längst beiseite geschoben und hörte der kleinen Lena fasziniert bei den weiteren Ausführungen zu.

Die kleine Pharmabude entpuppte sich nach und nach als eine der führenden mittelständischen Unternehmen für Anti-Hustenprodukte, die meiner Kenntnis nach seit Jahren national per TV beworben wurden.

Ich wurde immer interessierter, als Lena sagte:»Ja, dann rede ich mal mit meiner Schwester, sie wird Sie dann die Tage sicher anrufen.«

»Mensch Lena, das finde ich ganz toll, dass du heute zu mir gekommen bist. Lass uns das so einstielen,« antwortete ich begeistert und lächelte sie freundlich an.

Danach verließ sie direkt mein Büro und ging wieder ans Werk.

Ich blieb sitzen und war völlig sprachlos. Meine hochdekorierten MS kamen heute nur mit Dutzendideen um die Ecke und diese kleine, mutige, fleißige Lena machte den Punkt. Respekt!

Aus dem Geschäftsansatz wurde Wochen später wirklich was und ich zahlte Lena für diesen tollen Beitrag gerne ein Extragehalt und lobte sie vor der ganzen Truppe.

Sie blieb bescheiden, war aber auch superstolz und das war ich auch, auf sie.

Diese anrührende Geschichte habe ich später bei vielen Anlässen immer wieder gerne erzählt.

Sie bewegt mich heute noch.

Klebrige Sache

Der rot-weiße Autoaufkleber war schon von weitem gut zu lesen: »Gas iss, wie wennse flichs«, stand da im besten Ruhrpott-Jargon. Honi soit qui mal I pense ! Blöd nur, dass der Wagen auf dem Hauptverwaltungs-Parkplatz unseres Gasenergie-Kunden stand.

Und wundersam, dass der ansonsten so rigide Werksschutz den noch nicht hatte abschleppen lassen.

Tja, unser lieber Energiekunde.

Seit einem Jahr waren die auf unserer Kundenliste. Zahlten wenig und verloren sich in einer teuren Marktforschungsstudie nach der anderen.

Nach Aussagen früherer Agenturpartner ein extrem reaktionärer Klient mit Sitten aus der guten, schlechten Montanzeit.

Mein direkter Gesprächspartner war genau das Gegenteil. Waldemar K. war Werbeleiter der Gasheinis und ein aufgeweckter ehemaliger Agenturmann.

Wir kamen sehr gut miteinander aus, schließlich verstand er unser Geschäft. Damit war er wohl ziemlich alleine in der AG, wie sich noch herausstellen sollte.

Weiträumig schirmte er uns vom allmächtigen Vorstand ab.

»Tut euch das nicht an, die sind schon sehr speziell«, hatte er mir einmal im Vertrauen verraten. Was er damit wohl gemeint hatte?

Widererwartend kam es dann nach längerem Anlauf doch noch zur Fertigstellung einer Kampagnenkonzeption, die in der AG persönlich vorgestellt werden sollte. Mit Abschirmen war da nichts mehr, der Vorstand wollte die Sachen direkt in Augenschein nehmen.

So taperten wir, mein Creativ Director und ich, eines Montags mit den Pappen durch das Entree des 70er-Jahre Baus und beschritten über hellgrünen Teppichboden das Heiligtum.

Sterile Ruhe auf den Gängen, alles völlig leblos.

»Waldi« wartete schon an den Aufzügen auf uns und dann ging es pünktlichst zur Heeresleitung nach oben.

Die erste Vorstandssekretärin erwartete uns schon im Konfi und kümmerte sich direkt um die Kaffeelogistik.

Klassischer Eichenholzkonfi aus den frühen Siebzigern mit grünen, dicken Vorhängen an den Fenstern. Mit Sicherheit ein über 200 Quadratmeter großer Raum.

Dicke braune Polstersessel, keine brauchbare Technik. Vor allem kein ausreichender Platz, um die vielen Pappen mit den aufgezogenen Anzeigenmotiven aufzuhängen oder aufzustellen.

»Waldi« meinte: »Dann legt die Pappen doch auf den Boden, dann können die beiden Herrschaften, ja, es gab wohl zwei Gaskönige, einmal drum herumgehen und sich ein Bild machen.«

Schnell waren die Motive zu dritt ausgelegt.

Der Vorstand ließ weiter auf sich warten. Mittlerweile waren wir 20 Minuten hinter der Zeit. Die Anspannung stieg.

Dann Erlösung: Die beiden Hauptakteure defilierten in den Raum und begrüßten uns knapp mit Kopfnicken.

Beide Herren, Herr Dr. Marquardt und Herr Dr. Siniok, so um die 60 Jahre und im klassischen Bergbau grau gewandet, hörten sich unsere kurze Intro gequält an und fingen dann an ohne weiteren Dialog eine Runde zu Fuß um die auf dem Boden wartenden Pappen zu gehen.

Man hörte sie nur atmen und schnaufen. War das ein gutes Zeichen? Wir blickten zu »Waldi«, der uns mit stoischer Miene anblickte.

Die Fußarbeit der Beiden intensivierte sich, sie wurden schneller und »Wups« trat Herr Dr. Siniok mit seinem rechten Maßschuhfuß auf eines unserer Eröffnungsmotive.

Dr. Marquardt ging auf ihn zu und unvermittelt trat auch er auf eines der ausliegenden Werke unseres Hauses.

Zeitgleich, in der Weiterbewegung, blieben die jeweiligen Motive unter den Schuhsohlen der Vorstände kleben und rissen von den Pappen abrupt mit einem kleinen Knistern ab.

Sie blieben jetzt stehen. Wir guckten sie nur völlig entgeistert an. »Waldi« blickte beschämt zu Boden.

Mein kreativer Kollege hatte jetzt den Kaffee auf und wollte schon zum verbalen Schlag ausholen, als ich ihm noch rechtzeitig zuvor kam: »Laufen Sie doch einfach außen herum, dann gehen die Motive nicht kaputt«, sagte ich mit gespielter Ruhe. Ich kochte innerlich schon nah am Siedepunkt.

Dr. Marquardt gab mir darauf keine direkte Antwort sondern näselte: »Die kleben ja eklig die Dinger, kriegt man ja kaum vom Schuh«, während er die Sohle von unserem Motiv säuberte.

Beide waren jetzt mehr mit ihren Schuhen als mit unserer Kampagne beschäftigt, aber sie gingen jetzt wenigstens außen rum.

»Herr K. –nehmen Sie die Bilder auf, wir schauen uns das die Tage einmal in Ruhe nochmal an«, kommandierte Dr. Siniok barsch.

Dem armen »Waldi« blieb nichts anderes übrig, als alles wie bei der Kartoffelernte wieder zusammenzuklauben.

Die Gasheinis verschwanden, der Spuk hatte keine fünf Minuten gedauert.

Wir Drei schauten uns an. Was war das nur gewesen?

»Waldi« sagte nur knapp: »Ich hatte Euch ja gewarnt, die sind echt strange«:

Eigentlich fand ich die gar nicht strange sondern nur völlig unverschämt und respektlos.

Wir packten und verließen fluchtartig die Gastherme.

Wie ging es weiter?

Nun, wochenlang hörten wir nichts von »Waldi«, dem der ganze Eklat furchtbar unangenehm war.

Auf Nachfrage teilte er uns unter dem Siegel der Verschwiegenheit mit, dass Herr Dr. Marquardt die Kampagne erst seiner Ehefrau zeigen musste, bevor der Prozess weitergehen konnte.

Blöderweise fand seine Trude die Kampagne wohl am Ende doch nicht so prickelnd. »Waldi« versuchte es uns schonend beizubringen, wir durften, mit einer Frist von nur zehn Tagen bis zum nächsten Präsentationtermin nochmal neu ran.

Zum Glück beabsichtigten die beiden Gasaufseher aber, nicht wieder direkt dem neuerlichen Geschehen beiwohnen zu wollen.

»Gas iss, wie wennse flichs«

Bei Königs

Meine geliebte Großmutter, Omi Fränzi, war sicherlich keine Intellektuelle im klassischen Sinne, aber eine sehr kluge Frau. Die französische und deutsche Literatur waren ihr sehr vertraut, sie las immens viel.

Doch ab und dann musste es dann auch mal was Seichtes sein, so ein yellow press Blättchen. Sie wissen schon: Die, die immer die neuesten untauglichen Schlankheitsrezepte vorstellen, uns informieren, welcher Fernsehstar es gerade mit wem treibt und was bei den königlichen Herrscherhäusern für ein Skandal zum Saisonbeginn am Start ist.

Dazu Venenrezepte, Kochideen und aktive Lebenshilfe rund um das Thema misslungene Partnerschaft.

So kam ich recht früh mit dieser Lotterliteratur in Berührung, schaute ich doch auch als kleiner Steppke gerne mal in die bunten Illustrierten rein.

Damals fragte ich mich schon in meinem jugendlichen Leichtsinn, woher die Leute von der Zeitung immer all die frischen Informationen bekämen und das jede Woche aufs Neue. Ich konnte ja nicht ahnen, dass mir diese lebenswichtige Antwort schon dreißig Jahre später auf den Kopf fallen sollte.

Und das kam so:

Einer unserer kleineren Traditionskunden war ein winziger yellow press Verlag um die Ecke.

Die Agentur betreute diesen Account schon seit gut zehn Jahren, eher ein bevorzugter Klient unseres Chairman. Der hatte wohl irgendwie mit dem Verlagsleiter, Herrn Pötzing, eine Vorgeschichte, hinter die ich allerdings nie gekommen bin.

Nun, eines Tages kam ich wie die Jungfrau zum Kind und ich sollte fortan den Verlag an Stelle unseres Chairman, gewissermaßen auf Cheflevel, beraten.

Nichts lag mir eigentlich ferner als das, aber was tut man nicht alles für sein Salär.

Herr Pötzing, den ich bis dato noch nicht persönlich kannte, lud mich freitags zu einem ersten Gespräch ins Verlagshaus ein. Am gleichen Tag sollte ich danach noch einige Stunden in der Redaktion verbringen, um das praktische, journalistische »Blattmachen« mitzuerleben.

So stand ich dann frisch gebügelt im Vorzimmer von Herrn Pötzing. Seine Vorzimmerdame war gerade nicht da und seine Bürotür leicht angelehnt. Nun, dachte ich mir, gehe ich doch einfach schon mal rein und sage artig »Gutentag«.

Flugs stand ich vor seinem protzigen Schreibtisch. Er, ein kleiner, dicker, schwitzender Mann im Glencheck-Anzug saß dahinter vor seinem aufgeklappten Laptop.

»Guten Tag, Herr Pötzing«, sagte ich gespielt freundlich.

Erst jetzt bemerkte ich, dass er mit heruntergezogener Hose vor dem Screen saß. Schneller als ich es ihm zugetraut hätte, riss er sich mit hochrotem Kopf die Hose behende wieder hoch und stammelte irgendeine Begrüßungsformel.

Mann, war der verlegen, den Börsenbericht hatte der sich bestimmt gerade nicht geifernd angeschaut...

Das weitere sinnlose Gespräch erspare ich mir, nur so viel: Freunde wurden wir nach dieser Panne nicht mehr. Wir hatten jetzt auch eine Vorgeschichte.

Nach Minuten schob er mich, sichtlich erleichtert, in die Redaktion ab. Dort erwarteten mich schon die leitenden Redakteure des Titels »Frauenwelt« in ihrer verträumten Klause:

Frau König, die Chefredakteurin und Herr Knapp, ihr Stellvertreter, bei uns in der Agentur auch König´s Knappe genannt.

Die Tür schloss sich und ich schaute mich um. Hier wurde also dieser weltbewegende Titel gemacht. Ein kleiner Raum, zwei abgeranzte Schreiberlinge in den späten Vierzigern, die (hoffentlich) schon bessere Zeiten gesehen hatten und, nein wirklich, eine halbleere Flasche Wodka mit drei Gläsern auf dem mit Papieren und Fotos zugemüllten Rundtisch.

»Na, dann kommen Sie einfach erstmal rein. Gleich geht es los. Heute müssen wir noch die Geschichte vom englischen Hof fertigkriegen«, lallte Frau König freundlich.

Herr Knapp ergänzte servil: »Das braucht viel Phantasie, mein Lieber. Vielleicht können Sie ja auch ein Stück dazu erfinden, Sie sind doch Kreativer, nicht wahr?«

Mein Glas wurde befüllt und die beiden begannen sich die fragmentierten Storydetails routiniert zuzuwerfen.

Die Geschichte vom Hofe nahm innerhalb der kommenden Stunde Gestalt an.

Von realen Fakten keine Rede, die erfanden die Geschichte weitgehend einfach nach gut Dünken.

Jetzt hatte ich endlich meine Antwort aus frühen Kindertagen bekommen.

Und das Leserpublikum? Das verschlang den Mist Woche für Woche, Jahr für Jahr und glaubte, irgendwie nah bei Königs zu sitzen.

Na ja, irgendwie waren sie ja auch bei Königs, bei Frau König und ihrem Knappen.

Mensch, Omi Fränzi!

Madonna

Eigentlich sollte man ja meinen, dass die Werbekunden ihre Kampagnen primär nach rationalen Gründen aussuchen, d.h., nach Zielgruppenadäquanz für prosperierende Umsätze, nach Passgenauigkeit auf der Strategie oder vielleicht auch herausragenden Pre-Testergebnissen.

Aber das ist bei weitem nicht immer so. Neben persönlich geschmäcklerischen Aspekten liegen die Entscheidungsmotive vielfach in anderen, schwer zugänglichen, affektiven Bereichen. Eben ganz menschlich.

Ich kann mich dazu an einen besonders krassen Fall erinnern, der mir vor Jahren passiert ist.

Es ging dabei um einen unserer Top-internationalen Kunden aus dem Sektor »weiße Ware«, also Kühlschränke, Waschmaschinen usw.

Die Marke, für die wir werblich verantwortlich waren, war eine alteingesessene deutsche Traditionsmarke, die zwischenzeitlich von einem US-Multi übernommen worden war.

Alle Entscheidungen für Deutschland mussten mit der Europazentrale in Italien nahe Mailand abgestimmt werden.

So auch die neu entwickelte Print-Jahreskampagne, für die wir in einem ersten Schritt die Strategie bereits vorgestellt hatten und alle nun auf die ersten Layoutansätze sehnsüchtig warteten.

Wir hatten uns bildlich für einen sehr puristischen Testimonial-Ansatz entschieden, der jeweils den Kopf einer markenaffinen, sehr femininen Frau in einem Halbprofil in Schwarz-Weiß zeigen sollte mit entsprechender Headline.

Die Fotos für die Präsentation von ausnehmend sehr schönen, markanten Ladys hatten wir uns von einem internationalen Bilder Stock-Pool beschafft.

Damit flogen wir, mein Executive Creativ Director und ich, ins schöne Italien ein.

Die Reise dorthin trat ich in der Regel immer schon am Vorabend von Präsentationen an. Damit war sichergestellt, dass ich in meinem absoluten Lieblingshotel, einer wunderschönen, verwunschenen Patriziervilla auf einem Berg in Mitten von dichten Pinien- und Zikadenwäldern übernachten konnte. Hatte wohl früher einem alten Conte gehört. Traumhafte, vergangene italienische Pracht zum Niederknien mit eingelassenen Whirlpools auf den Suiten –mit Waldblick! Und erst die Küche...

Bellissima!

Nachdem uns unser italienischer Chauffeur dort abgesetzt hatte, gingen wir die Präse nochmal schnell durch und widmeten uns danach ausgiebig den kulinarischen Genüssen des Hauses.

Am kommenden Morgen ging es früh los.

Herr Baggli, Italo-Schweizer und Vice-President unseres Kunden, erwartete uns schon erwartungsvoll mit einer ganzen Armada von Marketinghanseln im ehrwürdigen Konferenzsaal des Headquarters.

»Buongiorno, meine Herren. Gute Reise gehabt?«

Herr Baggli, ca. Ende Dreißig, war ein sportlicher, untersetzter Mann mit einem klugen Gesicht und Goldrandbrille. Ein eher rationaler Typ, aber sehr symphatisch.

Bevor er zu den Amis kam, war er jahrelang deren Marketing-Chefberater auf Seiten einer führenden amerikanischen Unternehmensberatung gewesen.

Viel aufzubauen war ja nicht, wir stellten nach kurzer Vorrede drei Frauenmotive auf und stellten die Fotorichtung zur Diskussion.

Die Kundschaft betrachtete die Vorschläge gründlich. Manche machten erste Bemerkungen zu den Motiven.

Nur Herr Baggli blieb still und betrachtete die Bilder. Um genau zu sein: ein Bild.

Dann sprang er auf und nahm die Pappe in die Hände.

»Wer ist sie?«, fragte er sichtlich interessiert, seine Stimme brach leicht.

Mein Kollege erzählte ihm schnell von der Quelle des Stock-Foto-Verlages und dass es sich um eine Französin handeln würde. Zugegebenermaßen eine sehr, sehr feminine Frau mit großen ausdrucksvollen Augen.

»Ja, aber ist ja eh nur Layout, nur um die bildliche Stoßrichtung einmal festzulegen. Im Shooting später finden wir dann sicher noch die hundert Prozent richtige Protagonistin«, hörte ich ihn referieren.

»Nein, nein, diese Frau trifft schon voll den Punkt als Markenbekennerin«, entgegnete Herr Baggli fast schon ein wenig zu schnell. Seine Augen leuchteten, die Ohren liefen leicht rot an. Das Auditorium nickte dumpf.

Er hatte nur noch den Blick für dieses eine Foto.

»Bauen Sie die Kampagne nach diesem Bild bitte weiter aus, das ist die Richtung, die ich will. Und schauen Sie bitte, dass wir genau dieses Model bekommen«, sagte er und entließ uns kurze Zeit später völlig beglückt aus der Runde.

Die nächsten Tage verbrachten wir mit der Recherche zu »seinem« Model und den weiteren Motiven.

Wie wir erfuhren, hatte die favorisierte Französin vor einem Jahr leider ihre Modelkarriere an den Nagel gehängt, einen Multimillionär geheiratet und ein Kind bekommen. Nix Kampagne mehr.

Was jetzt?

Wir sammelten neue, ähnliche Testimonials ein und gondelten wieder nach Italien.

Flieger – Fahrer -Villa – Baggli – und das machten wir in der Folge noch fünfmal.

Herr Baggli wurde langsam ungehalten und fand, dass wir das anfänglich gezeigte Bildniveau, ausgerichtet an »seinem« Motiv«, was ja nun leider nicht mehr lieferbar war, nicht treffen würden.

Wir fragten uns immer mehr, was er wohl an diesem einen Motiv der Französin gefressen hatte. War es seine unerreichte Traumfrau, war es eine verflossene Liebe die ähnlich ausgesehen hatte, eine Marotte? Wir kamen nicht dahinter, beim besten Willen nicht. Töricht!

Die Zeit verstrich, nichts ging wirklich voran.

Zu unserem großen Glück cancelten Wochen später die US-Boys auf einmal völlig unerwartet die Kampagnen-Budgetmittel für diese Testimonial-Schwergeburt. Mehr Promotions war auf einmal ihr neues Glaubensbekenntnis. USA today...

Herr Baggli erzählte mir die News ziemlich traurig bei einem Jour fixe in seinem Büro.

Dabei strich er über das Foto der Französin, das mittlerweile in einem Goldrahmen auf seinem Schreibtisch stand und hauchte mit einem leichten Seufzer: »Oh, Madonna mia«.

Jetzt hatte ich es endlich kapiert. Na, zumindest annähernd.

Geistige Leere

Nachdem ich im Agenturmanagement als Geschäftsführer Fuß gefasst hatte, entdeckte ich ein neues Faible: Die Nachwuchsförderung!

Warum sollte ich auf meinem Königswissen sitzenbleiben? Warum nicht die jungen Mitstreiter besser machen?

Ich fing an – neben meinem Agenturjob – Seminare zu geben und interne Vorträge zu halten. Insbesondere das Thema Markenführung lag mir besonders am Herzen und die jungen Leute zogen zumeist gut mit.

Da traf es sich bestens, dass ich auf einem Werbekongress Herrn Prof. Dr. von Goretzki kennenlernte. Von Goretzki war nicht nur in seinem Vorleben Geschäftsführer einer bedeutenden amerikanischen Werbeagentur gewesen, nein, er dozierte jetzt Markenlehre an der hiesigen Fachhochschule – an meiner alten Alma Mater.

Wir verstanden uns sofort sehr gut und er lud mich ein, ab und dann freie Vorträge in den Hörsälen zu meinen und seinen Marken-Lieblingsthemen zu halten.

Das lief super an. Aus den Vorträgen erwuchs bald ein fester Lehrauftrag und auch eine Berufung zum Honorarprofessor war schon ernsthaft im Gespräch.

Leider wurde da später leider doch nichts draus, da sich die Hochschulbehörden, ob meiner fehlenden Promotion querstellten.

Viel unangenehmer aber war, dass von Goretzki nach zwei Jahren der Zusammenarbeit, er war da schon über sechzig Jahre alt, emeritierte.

Da stand ich nun...

Nichtsdestotrotz machte ich als Dozent und Lehrbeauftragter in wechselnden Kooperationen mit anderen Professoren weiter. Aus reiner Lust und Leidenschaft, reich konnte man mit dieser Betätigung ja eh nicht werden.

Ganze 15 Jahre wurden aus den ersten Anfängen mit Professor Dr. von Goretzki, zuletzt als Lehrbeauftragter in den Masterstudiengängen der Betriebswirtschaftslehre mit Zulassung zur Examensprüfungsabnahme im Rahmen meiner Seminare. Eine schöne Zeit und das alles neben meinem eh schon stressigen Agenturdasein.

An die kooperierenden Professoren, außer an von Goretzki, kann ich mich heute kaum noch erinnern. Oder? Doch, halt...! Ein Lehrkörper fällt mir noch ein, Frau Professor Dr. Kulik!

»Kuli«, wie ich sie später nannte, lernte ich ganz per Zufall auf einer Examensfeier kennen.

Sie hatte schon von mir aber ich nicht von ihr gehört.

»Kuli«, eine recht frauliche, graue Person mit einem Mäusegesicht, lehrte Marketing und digitale Medien. Und war jedes Jahr erneut schwanger.

Wir kamen irgendwie zusammen und sie ließ mich fortan Dutzende von Marken-Seminaren in den Obersemestern halten.

Gerne freitags am Nachmittag, dann konnte sie früher nach Hause gehen.

Irgendwie hatte die auch einen seltsamen Karriereweg für eine Marketingprofessorin genommen:

Nach dem Abschluss zur Diplom-Kauffrau hatte sie an einer berüchtigt laschen Uni in Österreich ihren Doc geschenkt bekommen und war dann anschließend wenige Jahre in einer eher unbedeutenden Unternehmensberatung als Projektleiterin für digitale Themen tätig gewesen. Keine einschlägigen Veröffentlichungen, kein Buch geschrieben, keine Managementerfahrung und von Marketingpraxis sowieso keine Spur.

Wie machte die das?

Immer wieder nahm ich mir vor, einmal eines ihrer Seminare zu besuchen, doch entweder ließ das letztlich meine Zeit nicht zu oder sie verhinderte meine Anwesenheit mit immer neuen Ausflüchten.

Dafür kam sie in meine immer proppevollen Oberseminare gerne unangemeldet in regelmäßiger Frequenz und schrieb aus meinen referierten Fallstudien –und da gab es reichlich viele spannende Praxisfälle – eifrig mit.

»Ach, ich komme immer so gerne in Ihre Vorlesungen. Sie dozieren so schön lebendig. Und Ihre Veranstaltungen sind ja immer so gut besucht. Und das an einem Freitagnachmittag«, blubberte sie mich einmal freundlich voll.

Dann klappte es eines Tages doch. Ich überraschte sie mit meiner Anwesenheit in einem verlegten frühen Seminar an einem Mittwochmorgen – eigentlich einer ihrer vielen freien Tage.

Thema war irgendwas mit Media-Restriktionen bei der Markenführung im Mittelstand.

Sie hatte mich wohl noch nicht im Hörsaal bemerkt und las derweil langweiligen Lehrbuchkram uninspiriert vor. Dann kamen zwei Fallstudien und »siehe da«, die kamen mir aber recht bekannt vor: Es waren meine, aus der weiten Welt der Foodindustrie.

Jetzt mit dem Anschauungs-Material kam sie etwas mehr in Fahrt, die Kommilitonen erwachten und – da bemerkte sie auch mich!

Nun, ein wenig Röte meinte ich schon in ihrem Mäusegesicht erkannt zu haben und winkte gequält runter zum Pult. Das war meine erste und letzte Teilnahme an einem »ihrer« Hochschulseminare. Ich dachte nur noch: »Dumme Nuss«!

Unsere Wege trennten sich schnell und ich wechselte Wochen später in der Fakultät die Koop-Professorin.

Unglaublich, wie nah geistige Lehre und geistige Leere manchmal beieinander liegen können.

Rocklady

Für die Erzählung der nächsten Episode muss ich etwas ausholen. Nur so ist für sie, liebe LeserInnen, die persönliche Bedeutung für mich der folgenden menschlichen Naherfahrung in Gänze verständlich.

Von Kindesbeinen an bin ich ein absoluter Musik-Maniac gewesen. Insbesondere die klassische Rockmusik und deren einschlägigen Bands hatten und haben es mir angetan.

Rockriffs, Konzerte und Harley-Davidson fahren symbolisierten immer meinen wahren Freedom.

Da waren die klassischen Klavierstunden in der Pubertät eher nicht so dienlich, trafen die seinerzeit nun gar nicht meine Seele.

Dafür aber die Seele meiner Mutter.

Wäre ich nicht Werbemann geworden, ja, eine Bühnenkarriere als vielumjubelter Rockgitarrist hätte ich mir schon als ernsthafte Alternative vorstellen können.

Träumen darf man doch noch, oder?

In späten Jahren hatte ich sogar versucht, zumindest E-Gitarre zu lernen, aber um ehrlich zu bleiben, eher mit mäßigem Erfolg. Solch komplizierte Technik übt man wohl besser in sehr jungen Jahren.

Blieben mir letztlich die Werbung und die Musik. Jingles, TV-Spot Sounds und Filmmusiken – ein wahres Paradies für mich, daran etwas mitarbeiten zu können.

Aber vorwärts zur nächsten Story:

Unser internationaler Waschmaschinen-Kunde war im Begriff, eine große TV-Kampagne für ganz Europa produzieren zu lassen.

Mit den besten Regisseuren, Komponisten und das alles in den legendären Palm Studios in London.

Unsere Kreativen waren schon eine Woche bei den Dreharbeiten vor Ort, als ich mich entschloss, auch für ein paar Tage rüberzufliegen. Gewissermaßen Supervision.

Der Kunde freute sich über meine Initiative und ich konnte das Nützliche mit dem Vergnügen elegant verbinden.

Schnell hatte meine PA ein Zimmer in meinem absoluten Lieblingshotel in Soho gebucht, im Hazlitt´s, dem ältesten Hotel von London. Viktorianischer Charme in jeder Diele und schön zentral gelegen. Ein Kleinod zu Astropreisen!

Montagmittags schlug ich in Good Old London auf und kurvte direkt zu den Studios.

Mein Kunde hatte für den Nachmittag ein Meeting einberufen, um alle nochmal auf das große Filmprojekt einzuorden.

Das Meeting verlief easy, alles lief wie am Schnürchen. Nach zwei Stunden gab es eine Zigarettenpause, die ich natürlich gierig nutzte. Schrecklich schön dieses Laster!

Ich verließ den Studio-Konfi, einer von mit Sicherheit vierzig Konferenzräumen, die Palm Studios waren eben riesig. Eine Filmstadt für sich.

Schlendernd lief ich über die weitläufigen Gänge via Außengelände. Überall Türen zu kleinen und großen Studios, Halleneingänge zu Innendreh- und Außendrehplattformen. Gigantisch.

Nach kurzer Zeit blieb ich versonnen vor einer Tür zu einem Musikstudio stehen.

Die Tür war angelehnt und ich hörte eine Band jammen. Dazu eine unheimlich schöne, hohe Stimme einer Sängerin. Melodic-Rock von unheimlicher Intensität und Harmonieschönheit. Dazwischen ganz harte E-Gitarren-Riffs. Nie gehört bisher, aber fantastisch. Wer war das?

Ich zog die Tür etwas weiter auf und lugte vorsichtig und leise hinein. Nur nicht stören.

Und da saß sie, auf einem Barhocker mit einer übergroßen Gretsch – E- Gitarre vor sich und hauchte, sang und schrie ins Mikro.

Eine elfenhafte, schlanke, wunderschöne junge Frau, ca. Mitte zwanzig Jahre alt mit langer, hellblonder Mähne, ganz in schwarz gekleidet.

Ich war hin und weg und hoffte inständig, nicht entdeckt zu werden. Sie spielten weiter, die Band an ihrer Seite – in klassischer Formation – schwitzte. Die Lady war unerbittlich in ihrem Übungsmodus. Eine Besessene.

Urplötzlich schloss sich die Tür. Von Innen hatte jemand abrupt meinem Event ein jähes Ende bereitet. Ruhe... Shit!

Ich merkte mir die Studiotür und die Nummer sowie das Kürzel der performenden Künstlerin: Nennen wir sie HF.

Meine Uhr verriet mir, dass ich über zwanzig Minuten fasziniert eingeklemmt in der Tür gelauscht haben musste.

Nichts wie zurück zu meinem Meeting. Alle waren schon seit Minuten wieder am Tagen.

Das Meeting endete so positiv wie es begonnen hatte. Waren halt alles Profis.

Nach der Veranstaltung verabredeten wir uns mit dem Kunden zum Dinner und trennten uns. Ich konnte nicht schnell genug wegkommen.

Eilig raste ich zurück durch die Gänge, um das Studio mit ihr wiederzufinden. Blöderweise hatten die aber die Session bereits beendet. Pure Enttäuschung!

Am kommenden Tag war ich etwas früher vor Ort.

Die besagte Studiotür war noch zu, aber ich konnte am Außenschild sehen, dass die Band für heute noch gebucht hatte.

Ich stand wie ein Verdurstender in der Wüste vor der magischen Tür. Kein Laut.

Was, wenn sie nun doch schon abgereist war?

Minuten vergingen, ich wollte mich gerade umdrehen und Richtung unseres neuerlich stattfinden Kundenmeetings gehen, als die Tür aufsprang und SIE heraustrat: Etwas abgespannte, riesige hellblaue Augen schauten mich kurz an: »Hi, how you are doing?«

Damit schwebte sie an mir vorbei. Ich stammelte nur ein kurzes »Hi« hinter ihr her und blieb wie angewurzelt stehen.

Dieser eine Moment hatte gereicht, ich war angefixt!

Leider sah ich sie auf dem Gelände nicht wieder, kriegte aber später in Deutschland raus, dass sie eine der aufstrebenden Melodic-Rocksängerinnen war und von den Bahamas stammte.

»To make a long story short«: Seit diesem kurzen kick-moment war und bin ich ein totaler Fan von HF. Sie wurde tatsächlich ein echter Weltstar und ich habe Dutzende von Platten von ihr, viele ihrer Konzerte besucht und ihr sogar einmal vor Jahren eine echte Fan-Mail geschrieben – die Einzige in meinem Leben – leider ohne Resonanz.

Musik ist nach meiner Ansicht die schönste aller Künste, und manchmal trifft sie einen sogar für ein Leben lang – mitten ins Herz.

Arktische Kälte

Mit seinen Mitarbeitern sorgsam umzugehen, kann sich oft nach Jahren noch auszahlen.

So erging es mir auch mit Jürg, einem verflossenen Kundenberater von mir.

Nach fast zehn Jahren meldete er sich eines Tages wieder unverhofft bei mir.

Zwischenzeitlich war er zum Werbeleiter eines der führenden Tiefkühl-Heimlieferdienste aufgestiegen und sucht für deren erste richtig klassische Werbekampagne einen vertrauensvollen Kommunikationspartner.

Ich freute mich und dachte: Neugeschäft zum Nulltarif. So machte ich schnellstmöglich einen ersten Termin mit ihm und den Inhabern der Unternehmung.

Recht zügig wurden wir uns über die Aufgabe und die Honorierung des Projektes einig.

Ein wenig Kundenforschung lag auch schon vor, aber ich dachte mir, irgendwie muss ich vor Beginn der Arbeiten deren typischen Kunden und dessen Verhalten und Bedürfnisse besser verstehen lernen.

Die Inhaberin schlug mir vor, zwei Tage mit einem erfahrenen TK-Auslieferfahrer on Tour zu gehen. Da würden mir schon die Augen zu ihrem Geschäft aufgehen.

Solche Selbstversuche am lebenden Objekt hatte ich schon früher in anderen Märkten gemacht. Meistens wirklich mit dem Ergebnis eines etwas besseren Marken- und Kundenverständnisses.

Also sagte ich die Außendienertätigkeit für die kommende Woche direkt zu.

Jürg strahlte, hatte er doch in diesem Moment bei seiner Herrschaft wieder einen Gummipunkt machen können. Geschenkt!

Dann ging es los. Zur nachtschlafenden Zeit fand ich mich erwartungsvoll morgens um 6.30 Uhr auf dem Betriebshof ein.

Ein schmuckloses Tiefkühlgebäude mit rund siebzig kleinen Transportern vor der Tür.

Bruno, ein dicker gemütlicher »Frosti«, wartete schon auf mich – mein Chef für die kommenden zwei Tage sozusagen.

Bruno war schon seit ewigen Zeiten im Ausliefergeschäft und freute sich, einen interessierten Neuling in die Materie einführen zu können.

»Na, schon mal in TK gemacht?«, fragte er mich jovial und seine roten Wangen leuchteten mich an. Wir fahren heute zusammen die Reichentour.«

»Die Reichentour, was ist das denn?«, fragte ich verdutzt. Lächelnd antwortete er mir: »Na, die Bonzen an der Rheinschiene eben.«

Ach die, dachte ich und freute mich jetzt schon besonders auf die Tour.

Zuerst musste ich aber noch den weißen Firmenkittel mit dem Markenlogo auf der Brust überziehen.

»Damit du einer von uns bist«, murmelte Bruno in sich rein.

Das obligatorische weiße Hütchen wollte er mir ersparen. Nice Bruno.

Dann gurkten wir los, die Karre voll mit dem überteuerten TK-Kram.

Erbsen, Pizza, Eis usw. Die Nachfrage der Kunden war gigantisch.

Beim ersten Halt sollten treue Kunden mit mehreren Eispaketen versorgt werden.

Bruno öffnete die Eisklappe am Fahrzeug und holte fünf dicke Pakete heraus.

»Ach, kannst Du mir noch eine Packung Nuss von oben holen. Zieh aber unbedingt den »Noppi« an, der hängt am Armaturenbrett.

Also der »Noppi« sollte es sein.

Ich schaute mir das Teil kurz an: Überlanger, hellblauer Gummihandschuh mit außenliegenden Prachtnoppen.

Nee, den wollte ich nicht auch noch ausprobieren und griff, entgegen Brunos Rat ‚mit nackten Händen in die Tiefkühlluke. Oh shit war das brutal kalt. Ich kriegte einen kleinen arktischen Schock und zog die Hand sofort zurück. Variante Nuss fiel hin und ich hatte eine knallrote Hand, die böse schmerzte.

Bruno kam ums Auto rum und sagte: »Habe ich doch gesagt, nimm den »Noppi«, da sind arktische Temperaturen im Eisfach. Bestimmt minus dreißig Grad oder so.«

Na, ganz so schlimm war es dann auch nicht, aber wer nicht hören will, muss fühlen.

Wir fuhren in eine propere Einfamilienhausgegend ein. Schritttempo, sodass uns auch potentielle Neukunden sehen konnten. Fehlte nur noch eine Bimmel wie beim Schrotthändler. Hoffentlich sah mich heute keiner auf dem Bock.

Porsche, Mercedes und Range Rover, hier waren wir richtig.

Bruno hielt vor einem Walmdachbungalow mit riesigem Vorgarten und einer Dreifachgarage mit rotem Ziegeldach.

»Hier wohnt Dr. Mösner. Kriegt jede Woche seine Pizza-Dosis. Nur zwei Pakete, aber regelmäßig. Dazu Tonnen von TK-Gemüse und eine Packung Shitakepilze im Familienpack.«

Bruno wurschtelte schon mal an der Tiefkühlklappe – mit »Noppi« natürlich – und packte um.

Ich sondierte die Lage, als er mir die ersten Waren, die beiden Pizzakartons, unter den Arm drückte.

»Geh doch bitte schon mal klingeln und gib Dr. Mösner seine italienischen Lieblinge, ich komme sofort mit dem Lieferkorb nach.

Ich drückte die kalte, fettige Last liebevoll unter den Arm und stapfte gespannt auf die noble Eingangstür zu.

Die Klingel war keine Klingel, nein, eine englische Big Ben-Glocke, wie sie bekennende Neureiche sich gerne verbauen lassen.

»Ding, dong, ding, ding,« machte es.

Meine rechte Seite mit den Kartons wurde schon kühl. Nichts regte sich.

Nochmal der Big-Ben.

Weiter Ruhe im Schloß. Bruno war immer noch beim Ausladen, als auf einmal die schwere Bronzetür einen Spalt geöffnet wurde.

»Wir kaufen nichts«, bellte eine weibliche, alte Stimme. Vermutlich die abgeschabte Haushälterin oder gar Frau ... Mösner (wirklich blöder Name) selbst?

Ich blieb beharrlich und stellte mich mit der Lieferung höflich vor.

In diesem Moment riss die Alte mir mit langen, dürren Armen die beiden Pizzaschachteln aus den Händen, zog sie hinein und knallte mir die Tür vor der Nase zu.

Blöd gelaufen, dachte ich mir, denn die beiden Kartons klemmten jetzt noch zur Hälfte zwischen drinnen und draußen im Türrahmen.

Wutentbrannt schlug ich nochmal die Glocke. Nichts.

Bruno kam nun mit dem Rest der Belieferung dazu.

»Probleme?«, fragte er scheinheilig. »Gut, dann liefern wir das nächste Mal und schicken eine Rechnung. Passt wohl heute gerade nicht.«

Nee, passt heute nicht und auch morgen nicht und auch überübermorgen nicht, zumindest nicht bei mir.

Sagenhaft. Zweimal arktische Kälte an nur einem Tag!

Regelbruch

Ich war gerade aus der Mittagspause zurück. Netter kleiner Lunch mit Branchenkollegen beim Lieblingsitaliener, als meine PA einen Anrufer durchstellte.

»Ja Gruezi, hier spricht der Carlo«, schallte es mich an.

Mensch, die Stimme kannte ich doch. Carlo H. war mein langjähriger Kundenpartner auf einem Nudel-Etat gewesen. Produktgruppenleiter. Ein fröhlicher, unbedarfter Typ mit immer zu großen Ambitionen und zu kleinem Budget.

»Das ist aber eine Überraschung, wie geht es denn so?« Wir hatten sicherlich über fünf Jahre nichts voneinander gehört.

»Wo sind Sie denn, was machen Sie?«, hörte ich mich interessiert fragen.

Jetzt stürzte es nur so aus ihm heraus, dass er seit sechs Monaten in der Schweiz arbeiten würde, als Marketing Direktor für ein großes, familiengeführtes Industrieunternehmen, das mir aus dem Gebrauchsgütermarkt durchaus ein Begriff war.

Dann erzählte er mir, dass sie in der Schweiz unter einer anderen Marke bereits ein sehr renommiertes Foodgeschäft hätten und nun mit neuen Produkten stärker auch in den internationalen, noch jungen Markt der Frische-Pasta einsteigen wollten.

Alle Pläne lägen vor, die Budgets seien bewilligt, die Produkte wären positiv in Konsumententests validiert. Was noch fehlte, sei ein international aufgestellter Agenturpartner.

»Wir wollen pitchen, haben Sie Lust mitzumachen? Vier Monate Zeit, fairer Prozess und 20.000 Taler Pitchhonorar.«

Hörte sich gut an. Ich versprach ihm, das mit meinen GF-Kollegen noch am gleichen Tag zu besprechen. Was sprach dagegen? Wir sagten am gleichen Tag noch verbindlich zu.

Was mir Carlo wohlweißlich verschwiegen hatte, war, dass der Wahnsinnige glatt elf internationale Top-Agenturen ins Rennen geschickt hatte. Viel hilft viel.

Doch als ich das erfuhr, hatten wir den Hut schon in den Ring geworfen.Wer konnte denn sowas ahnen?

Der Prozess war wie zugesagt: einfach und fair. Es gab nach dem Briefing vier Präsentationsrunden – Agenturcredential, Marktanalyse, Markenstrategie und fortfolgend die Kreativsession – alles in Zürich im Headquarter.

Nach jeder Runde sollten die Agenturen mit den aus Sicht des Kundengremiums besten Leistungen weitermachen, die anderen schieden aus.

So ging die Hatz dann zum Herbstbeginn stürmisch los.

Das Briefing war eindeutig und klar, es ging im Wesentlichen um eine tragfähige pan-europäische Markenstrategie und eine darauf aufbauende »nie gesehene kreative Kampagne«, die den noch in Entwicklung befindlichen Markt der Frische-Pasta machen und deren Marke bei überschaubaren Budgets als gefühlter Marktführer inthronisieren sollte. TV, Print, Plakat, Funk und Handelswerbung – die ganze klassische Palette.

Das war mordsviel an Arbeit. Ich stellte ein schlagkräftiges Team in Deutschland auf, setzte unsere französischen Brüder in den Europastandorten unter Alarm und stellte mir noch einen alten, lieben Kollegen Giovanni, der in Zürich eine kleine alliierte Agentur betrieb, an die Seite. Gewissermaßen, um den Schweizergeist besser verstehen zu können.

Klingt nach hohen Kosten, aber ein pan-europäischer Pitch ist immer eine gewaltige Risikoinvestition, schon gar wenn man zehn Mitkonkurrenten hat und damit die Siegerchance eher geringer wird.

Aber ich setzte auf uns, meine breite Pastaerfahrung und, ja, auch auf meine gute Verbindung zu Carlo H.

Die erste Präsentationsrunde mit den Agentur-Credentials stand an. Wir lernten den Inhaber, Herrn Urs B., kennen. Ein wirklich sehr freundlicher, aufgeräumter Unternehmer in den Fünfzigern, der jedoch von Werbung keine Ahnung hatte und nur aus seinem Bauchgefühl heraus wertete. Aber für den Fakten-Check gab es ja meinen Carlo. Man musste aber eben beide, Herrn B. und Carlo bei Stimmung halten und überzeugen, das war man klar. Der Rest des Gremiums spielte eh keine Rolle. Alles nur Claqueure.

Wir brillierten in der ersten Runde. Letztlich waren es dann nur noch sieben.

Auch die zweite Runde lief gut für uns.

Carlo war voll des Lobes und machte uns richtig Mut. Auch sein Chef nordete sich richtig positiv auf uns ein.

Da waren es auf einmal nur noch zwei. Zwei? Wo waren die Konkurrenten denn alle verblieben?

Carlo H. steckte mir, dass Urs B. eigentlich nur noch uns und eine weitere Kreativagentur aus Hamburg sehen wollte. Hatte wohl emotionale, persönliche, für uns im Dunkeln liegende Gründe. Sei es drum, wir waren in der Endrunde und das schneller als gedacht.

Runde drei war superwichtig: die Markenstrategie

Da glaubten wir schon dank unserer starken Planner im Haus einen Riesenvorteil gegenüber den Kreativ-Freunden aus dem hohen Norden zu besitzen.

Wir bastelten Tag und Nacht an der richtigen Strategie und siehe da, wir fanden einen aus unserer Sicht wirklich sehr intelligenten Weg, die unterschiedlichen Verbraucherbedürfnisse in den europäischen Ländern mit unserer Pastamarke decken zu können. Die Positionierung war wirklich top!

Der D-Day, Runde drei, kam.

Wir sollten hinter den Fischköppen präsentieren.

Etwas aufgeregt, aber auch vom Sieg fest überzeugt, betraten wir den Konferenzraum. Das Gremium um Herrn Urs B. war schon versammelt. Carlo H. saß irgendwie kaum sichtbar, fast versteckt in dem Kreis und schaute starr auf die Tischplatte. Wir wollten gerade loslegen, als Urs B. das Wort ergriff: »Gruezi, meine Herren, vielen Dank für das neuerliche Anreisen, ich habe Ihnen vorab aber eine wichtige Veränderung mitzuteilen.«

Und dann kam der Hammerschlag:

Er erklärte uns bestens gelaunt, im feinstem, schweizerisch eingefärbten Dialekt, dass sie sich soeben für die Kreativkampagne unser Hamburger Mitkonkurrenten entschieden hätten. Sowohl der Markenclaim als auch die darauf aufbauende filmische TV-Idee wären sensationell, genau das, was sie sich für ihren Markenstart erträumt hätten.

Offen gesagt, wir träumten auch gerade, aber eher den Albtraum.

Ich weiß gar nicht mehr, was wir völlig perplex entgegneten. Irgendwas mit »Unverständnis«, »heute doch Präsentation der Markenstrategie- nicht Kreation«- usw.

Es half nichts – vorbei!

Die kleinen trickigen Ratten aus dem Hafen hatten einen ganz bösen aber erfolgreichen Regelbruch praktiziert: Einfach die anstehende Aufgabe ignoriert und hinterrücks schon die Werbekampagne mitgebracht. Urs B. hatte ja eh keine Ahnung von Werbung und war ausschließlich seinem Bauchgefühl verpflichtet. Wo war das Gremium? Wo war Carlo H.? Wo war der faire Prozess?

Taktisch ausmanövriert. Wir waren undankbarer Zweiter geworden, erster Verlierer mit einem Mordsproblem von Kosten am Arsch (sorry!).

Wer war der erste Mann auf dem Mond? Armstrong! Und der Zweite? .....

Keksverließ

Es gibt ja Vorkommnisse, die sind einfach unnormal, ja absurd. Von einem der besonders Unspektakulären aber Nachhaltigen möchte ich berichten:

Hilbert, der Leiter unserer Marktforschung, hatte auf einem der typischen Zahlenkolonnen-Kongresse den Chef der Mafo eines sehr bekannten Baumarktunternehmens beim Perlwein kennengelernt. Dieser hatte ihn darauf überraschend umgehend in die Zentrale zur Agenturpräsentation eingeladen.

Weil der Herr namens Käsner auch die Absatzwerbung verantwortete, bat mich Hilbert, ihn doch zu begleiten. Verkaufen wäre doch sowieso mehr mein Ding.

So gondelten wir eines morgens Richtung Provinz und ließen die kleinen Kotten, in wildromantischer Landschaft an uns vorbeiziehen.

»Machst du schon mal DIY?«, fragte ich Hilbert.

»Nö, eigentlich nicht, meine Frau ist fünfzehn Jahre jünger als ich«, grinste er zweideutig.

Wir prusteten beide los, die Stimmung war gut.

Nach dreißig Minuten enterten wir das unpersönlich wirkende, rot gestrichene Hauptgebäude und warteten im Foyer auf Herrn Käsner.

Nach einer Weile erschien an Stelle dessen eine Frau Bremer im Gartenkittel mit übergroßem Markenlogo und begrüßte uns knapp.

»Hallo, tut mir Leid. Herr Käsner ist heute verhindert. Wir haben gerade die neue Kaminlieferung bekommen. Sie wissen schon.«

Nein, eigentlich wussten wir nicht, was ein Mafo-Chef mit einer Kaminlieferung zu tun haben sollte. Aber Handel ist eben Wandel.

»Sie werden mit mir, Frau Twosat und Frau Kawusi vorliebnehmen müssen. Wir berichten dann Herrn Käsner von Ihrer Präsentation.«

Sie lief nun voran, wir in Körperschweißfühlung artig hinterher. Nach kurzer Zeit erreichten wir eine graue Blechtür mit einer verrosteten Klinke, die schon schlaff herunterhing.

»Da sind wir, « sprach Frau Bremer und schob uns in einen winzigen Raum ohne Fenster mit Neonlicht. Waren nicht mehr als fünf bis sechs Quadratmeter. Ein Holztisch, vier wackelige Stühlchen, keine Präsentationmöglichkeiten.

Dafür waren Frau Twosat und Frau Kawusi – mit ganz viel Kawusi – auch schon in der Kombüse.

Ach ja, Catering: Ein Untertellerchen mit verschiedenen Keksen und Kaffee stand auf dem Mobiliar.

Beide Frauen stellten sich als Mitarbeiterinnen der Gartenabteilung –Außengelände – vor. Das war auch das Letzte, was sie die kommenden 30 Minuten beitragen sollten. Frau Bremer führte das Wort.

»Ja, eigentlich komme ich ja gar nicht vom Baumarkthandel. War früher viele Jahre in der Foodhalle als Abteilungsleiterin für Wurstwaren. Wissen Sie, die frischen *Bertis Wurstenden* habe ich vor Jahren eingeführt. Schon mal von denen gehört?«

Hilbert und ich schauten uns verzweifelt an.

Gehen oder bleiben?

Wir entschieden uns für Bleiben, aber so kurz wie irgend möglich.

In Ermangelung einer freien Wandfläche für den Beamer begannen wir von unserer Agentur, den Kunden, den Kampagnen und den vielen Vorteilen unseres Networks, auch für Baumärkte ihres Zuschnitts, zu erzählen. Dabei schauten wir immer wieder auf die Uhr und griffen motorisch ab und dann zu einem der trockenen Kekse auf dem Tellerchen.

Es blieb eine one way communication. Die »Damen« lauschten den Klängen, nickten schon mal – aber verstanden eh nur Bahnhof.

Was hatten wir nur verbrochen, vor diesen dösigen, verwelkten Topfpflanzen sitzen zu müssen.

Die Zeit verging träge, bis ich dann meinte: »So, mehr können wir Ihnen heute nicht bieten, wir lassen Ihnen ein paar Unterlagen für Herrn Käsner da.«

Die drei Grazien packten die Hochglanzbroschüren und Power-Point-Charts sorgsam zusammen und guckten uns hohl an.

»Müssen wir noch irgendeinen Laufzettel für den Pförtner unterschreiben?« fragte Hilbert noch servil hinterher.

»Nein, nein das geht schon so in Ordnung, ich bringe Sie bis zur Pforte. Aber Moment, sagte Frau Bremer eilig. Diesen Zettel müssen Sie uns noch schnell ausfüllen.«

Sie schob uns einen linierten Formblattzettel über den Tisch.

Die Luft in dem Raum wurde langsam knapp. Was war das nun wieder?

»Schreiben Sie doch bitte kurz auf, von welcher Sorte Kekse Sie jeweils wie viele gegessen haben. Für die Statistik.«, ergänzte sie wohl etwas verlegen.

Hilbert und ich schauten uns völlig perplex an und wollten nur noch raus aus diesem Verließ. Wir glaubten es nicht.

Schnell krakelten wir irgendwas hin von zwei Kokoskeksen und drei Butterstreuselkeksen.

Mit Unterschrift versteht sich. Dann stürzten wir atemlos und echt geladen raus.

Was für ein Scheiß-Meeting!

Auf der Rückfahrt tobten wir uns richtig ein. Das sollte noch ein Nachspiel haben.

Kaum zurück in der Agentur, setzte ich ein entsprechendes Schreiben an Herrn Katz, den Inhaber dieses feinen Unternehmens, auf und beschwerte mich über die unsäglichen Vorfälle des Vormittags in unser beider Namen nachdrücklich.

Tage später flatterte ein persönlicher Brief von Herrn Katz bei mir ein. Inhalt:

»Täte ihm echt Leid, nicht Stil des Hauses, wohl was schiefgelaufen und von Wiedergutmachung.« Dazu zwei beiliegende Geschenkgutscheine über je fünfzig Taler...für den Einkauf in der Gartenabteilung!

Übrigens: Kamin-Käsner hatte sich nie mehr bei uns gemeldet.

Sonnenkönig

Stimmt schon, in der Werbung kann man überdurchschnittlich viele interessante Leute kennenlernen. Manche davon sind sogar richtig inspirierend.

Und selten, sehr selten findet man auch einen wirklich charismatischen Menschen, der tiefe Eindrücke hinterlässt.

Mir geschehen in der Person von Mathieu P. – unserem Worldwide President – aus Paris.

Doch Schritt für Schritt:

Bei mir lief es die letzten Monate wie »geschnitten Brot«. Das Neugeschäft boomte, die laufenden Kunden hatten wir im Griff und die Kohle rollte überreichlich.

Da kam unser internationales Management auf die Idee, mir noch einen knackigen Job um den Hals zu hängen: Ich wurde neben meiner Geschäftsführertätigkeit zum Global Account Representative, für unseren großen Waschmittelkunden berufen, d.h., ich war fortan ergebnisverantwortlich für diesen Account, in allen Ländern, wo wir den Kunden betreuten und das waren immerhin zehn Countries, mehrheitlich in Europa.

Das brachte mit sich, dass ich turnusmäßig jedes Quartal die Zahlen im Headquarter vortanzen durfte, vor Mathieu P. himself.

Ich kannte ihn bis dato nicht persönlich, hatte aber schon viel, oft Widersprüchliches, von ihm gehört: »Harter Hund, kennt nur Schwarz oder Weiß, aufregende Karriere gemacht, ein Schöngeist, einfach ein genialer Typ...«- die Meinungen über ihn gingen auseinander.

Bald konnte ich mir ja ein eigenes Bild machen. Der erste Quartalsreport in Paris rückte näher. Die Zahlen waren vergleichsweise bescheiden, da wir gegenüber der lieben Konkurrenz bisher nur für den kleineren Teil des Kundengeschäfts verantwortlich waren.

Aber ich hatte große Pläne und mit denen stand ich eines Morgens am Charles de Gaulle Flughafen und wartete auf meinen Fahrer.

Mein Französisch war nie sehr gut gewesen und alle hatten mir empfohlen, bei Mathieu P. nur nicht »zu radebrechen«. Also war alles auf Englisch und da fühlte ich mich sowieso zu Hause.

Das Headquarter lag auf der Prachtstraße von Paris, nur einen Steinwurf vom Triumphbogen entfernt.

Von außen ein schmuckloses Gebäude aus den siebziger Jahren. Mit sechs Etagen und – nach Aussagen von Kennern – mit einem traumhaften Dachgarten mit Spitzen-Restaurant ausgestattet. Ich betrat etwas aufgeregt das Foyer und meldete mich bei einer sehr schicken Französin an.

»Bonjour Monsieur, ich werde Sie sofort abholen lassen. Guten Flug gehabt?«, säuselte sie mich charmant an.

Ich fiel erstmal in einen dicken, bequemen Ledersessel und sah mich um. Nun, von innen sah die Sache schon ganz anders aus. Alles in dunklen, schweren Tönen gehalten. Leder und Mahagoni mit etwas Messing allerseits akzentuiert. Sehr schöne moderne Kunst an den Wänden, eine wertige, gedämpfte Atmosphäre. Altes Geld. Viel Tradition. Viel Stolz.

Mehrere Monitore zeigten aktuelle Werbefilme der Agenturgruppe aus aller Welt. Tres bien.

Bernard L. – den man den Colonel nannte – holte mich ab. Er war die rechte Hand von Mathieu P. und ihm seit vielen Jahren der engste Vertraute, wie kolportiert wurde.

Wir nahmen den Lift in das oberste Stockwerk zu den Konferenzräumen.

Auf der Etage erwartete uns eine bildhübsche Etagen-Sekretärin im Chanelkostüm, die hinter einem mordsschweren und teuren Schreibtisch auf dem Gang saß und die organisatorischen Fäden zog.

Sie brachte uns in einen recht geräumigen, sehr edlen Konfi, der das Ausstattungskonzept des Foyers gekonnt fortsetzte.

Bernard L. und ich wechselten noch ein paar freundliche Worte und überbrückten damit »SEIN« Erscheinen.

Parallel schraubte ich schon meinen Laptop an den Beamer, alles schien zu laufen. Es konnte losgehen.

Bernard L. wünschte mir viel Glück und verließ den Raum.

Warten! Ein bisschen mulmig war es mir schon, wie würde es laufen?

Ich drückte nochmal Screen on und da passierte es: Das Präsentationsbild verschwand von der Leinwand. Dunkel und düster, alles Schalten und Kabeln half nichts. Ich hatte die Präse nur noch auf dem Rechner.

Oh, nein!!! Mon dieu!

Just in diesem Moment größter Verzweiflung ging die schwere Mahagonitür auf und Mathieu P. trat mit einer Havanna-Zigarre in der Hand in den Raum.

Ein hochgewachsener End-Fünfziger, mit graumelierten Haaren, einem sehr männlichen gebräunten, markanten Gesicht mit dunklen Augen. Hellgrauer Maßanzug. Ein Fechter-kein Schläger ging es mir durch den aufgeregten Kopf. Was für ein Auftritt. Sympathisch.

»Bonjour, Tom. Schön, dass wir uns heute kennenlernen. Gute Zahlen?«, sagte er mit erwartungsvoller Miene und setzte sich entspannt in die letzte Reihe der Bestuhlung.

Mir ging der Arsch auf Grundeis. Ich antwortete höflichst auf seine ersten netten Worte und erklärte ihm ohne Umschweife sofort mein Malheur. So ruhig und souverän wie ich es nur irgendwie konnte.

Jetzt erwartete ich das Inferno von wegen »schlechter, technischer Vorbereitung« und so...»Karriere-Ende«... »Rückfahrt mit der Metro, statt Fahrerlimo«.

Aber es kam völlig anders!

Mathieu P. legte seine Zigarre langsam zur Seite, zog seine

hellgraue Anzugjacke aus, steuerte auf mich und das bankrotte Equipment geradewegs zu und setzte sich neben mich.

»Bon, dann schauen wir uns deine Präsentation kurz auf dem Rechner zusammen an. Der geht doch noch, oder?«, lächelte er mich mit dunklen, gütigen Augen an.

Ich glaubte es nicht. Was für ein fairer, charismatischer Mensch.

Mathieu P. hatte mich nachhaltig beindruckt.

Kluge Rückfragen, klare Ansagen. Nach einer Stunde waren wir durch.

Ich hatte es überlebt und wohl auch noch ein paar Punkte gemacht. Er mochte mich. Glück gehabt.

»Wir sehen uns im Juni, aber mit besseren Zahlen, compris mon ami?« sagte er noch und verschwand dann mit einem smarten Lächeln aus der Tür.

Die Havanna hatte er liegen lassen.

Mon President!

Irrfahrten

Es hätte alles so schön bleiben können. Im vergangenen Jahr hatte uns die führende Werbegazette zur besten Werbeagentur Deutschlands gekürt. Im Bereich Kundenberatung, meiner tollen Truppe, meinem Geschäftsbereich.

Ich schwebte und eilte von einem Pressetermin zum anderen. Die bestehenden Kunden waren bestätigt neue, interessierte Kundenanfragen häuften sich täglich. Alles gut.

Aber wie das Leben so spielt, hielt dieser Hype nicht lange an. Die nationale Konjunktur bremste sich merklich ein und unsere Agentur kam unter Druck.

Pitches wurden seltener, die going clients kürzten ihre Etats und im Sektor Neugeschäft war tote Hose. Was tun?

Als Erstes brauchte ich Verbündete und eine gute Idee.

In Ermangelung eines herausragenden, neugeschäftsstarken Kreativen begann ich enger mit Udo, unserem Geschäftsführer für die strategische Markenplanung, zu kooperieren. Wir kannten uns noch von einer vorangegangenen Agenturstation und tickten sehr ähnlich.

Ein langer, glatzköpfiger Kerl aus dem Westfalenland, mimosenhaft aber ein feiner Denker. Dass daraus eine fast 20 Jahre andauernde Freundschaft werden sollte, konnte man zu diesem Zeitpunkt noch wahrlich nicht absehen.

Blieb die fehlende Idee.

Wie konnten wir schnellstmöglich neue Kunden generieren?

Da erinnerten wir uns an ein raffiniertes und sehr erfolgreiches NB-System, welches seinerzeit einer unserer ehemaligen Kollegen in New York aufgezogen hatte.

Und das ging so:

Man suchte sich diverse Kunden aus, die man gerne auf der eigenen Kundenliste haben wollte, sendete denen die Nachricht, dass man eine tolle strategische Business Idee für sie hätte (die man noch gar nicht hatte) und nur bei Einladung von deren Seite, kreiert man dann eine solche durchschlagende Geschichte im Eiltempo und präsentiert sie kostenfrei vor Ort. Kundengewinn offen.....

Eigentlich ganz einfach: Geringe Kosten bei allerdings hohem kreativen Zeitdruck, aber mit echter Überraschungschance.

Los ging es.

Wir sprangen nun fast wöchentlich entweder in den Flieger zu interessierten potentiellen Neukunden oder jagten mit unseren schwarzen LEXUS durchs Land. Der Plot wurde seitens der Kundschaft recht gut angenommen, wenn auch die Bilanz der zählbaren Geschäftsabschlüsse am Anfang noch etwas dünn war. So einfach wie gedacht erwies sich dieses kopierte US-System dann erstmal doch nicht.

Jedoch erlebten wir auf unseren Fahrten eine »Duck-Tale« nach der anderen, die zumindest einen mehr oder weniger hohen Unterhaltungswert für uns hatte.

Drei Episoden für sie liebe LeserInnen zum Schmunzeln:

Wir waren bei einem der führenden Marmeladenhersteller Deutschlands eingeladen.

Herr Siewert, der Produktgruppenleiter, hatte uns – an seinem Marketingchef vorbei – einfach mal eingeladen. Wissen abgreifen zum Nulltarif und auch einmal was zu melden haben.

Am Ende des Meetings engagierte er uns spontan für ein Sechsmonats-Projekt, ohne weitere Abstimmung in seiner Bude vorzunehmen.

Die Folge war, dass er die monatlichen Honorarrechnungen unter einem fadenscheinigen Titel zwar beglich, aber wir in keiner Weise dafür arbeiten mussten. Unsere Agentur gab es in deren Firma offiziell gar nicht. Völlig dubios die Sache.

Vermutlich hätte er uns überhaupt nicht beauftragen dürfen und wusste jetzt nicht, wie er aus der selbstverschuldeten Zwickmühle ohne Gesichtsverlust wieder rauskommen sollte.

So ging das fast drei Monate, bis die Zahlungen an uns abrupt eingestellt wurden.

Herr Siewert war von heute auf morgen für uns nicht mehr erreichbar. Es gab weder eine Klärung noch eine finanzielle Nachforderung der Firma. Einfach Ende Gelände.

Episode zwei war auch nicht so schlecht.

Eine national marktführende Käsemarke in Südbayern hatte uns zum Meeting bestellt.

Den Termin mit dem Marketingleiter Huber hatte ich über seine Sekretärin gemacht.

Kurzum flogen wir nach München und verbrachten feixend noch eine Stunde im Mietwagen, als wir vor der Bauernhausverwaltung vorfuhren.

Im Konfi sahen wir schon Herrn Huber alleine sitzen.

Ein typischer Alm-Öhi mit Seppeljacke und dichtem Rauschebart.

Zur Begrüßung nickte er nur und wies uns mit der Hand an, mit der Präsentation zu beginnen.

Wir, nicht scheu, legten sofort los und explizierten unsere über Nacht entstandene Markenidee mit Verve.

Er schaute stier auf die Leinwand und sagte keinen Ton.

Am Ende der Präse blickten wir den Hubersepp erwartungsvoll an. Nichts.

Im gleichen Moment stand der auf und verließ grußlos das Zimmer. Hä? Nun, jetzt kannten wir das Gegenteil von Eloquenz. Wirklich!

Fall drei beeinflusst noch heute meine private Kaufablehnung gegenüber dieser Fischmarke, die wir im hohen Norden besuchen durften.

Eigentlich wirkten die am Telefon noch ganz nett und aufgeräumt und wir freuten uns mit jedem Meter Überholspur mehr auf das Zusammentreffen.

Doch als wir den Fischereihafen, wo deren Firma ansässig war, enterten, sagte Udo: »Du, warum stinkt das hier so schrecklich nach altem Fisch, ist ja widerlich, riechst du das auch?« »Wie wochenalte Fischstäbchen in der Sonne, ja, jetzt rieche ich es auch.«, entgegnete ich mit verzerrtem Gesicht.

Schließlich waren wir endlich da und betraten eine völlig abgeranzte Verwaltung, wohl eine ehemalige Fischhalle, wo schon Hans Albers und Freddy Quinn »La Paloma« gesungen hatten.

Eine dicke, alte Frau in fahlen Klamotten schob uns in einen kleinen Raum mit Tisch und drei Holzstühlen. An dem einen Stuhl hing die Lehne windschief nach unten. Grüner Linoleumboden.

Ein wenig Licht kam durch die schmierigen geschlossenen Fensterluken.

Wir bauten, völlig konsterniert, unsere Technik auf und blieben stehen. Dann kamen die »Skipper«. Drei grobschlächtige »Marketingleute«, die auch auf jedem Krabbenkutter hätten einfache Arbeit finden können.

Sie setzten sich ächtzend auf die drei vorhandenen wackeligen Stühlchen. Wir standen.

»Moin moin, leider haben wir nur drei Sesselchen, aber das macht doch nix, oder?« tönte der Oberkrabbenwart.

Doch, machte uns was. Udo und ich räumten razz fazz unsere Sachen zusammen und verließen fluchend diese Fischhölle.

Auf der Rückfahrt lief »La Paloma« mit Freddy Quinn im Radio.

Unten ohne

Habe ich eigentlich schon Herrn O. erwähnt? Nicht? Na, dann wird es jetzt aber Zeit.

Herr O. hatte in der Agentur zur gleichen Zeit wie ich angefangen. Als neuer Managing Director sollte er die unternehmerischen, überliegenden Themen in der Agentur managen.

Er, ein untersetzter, drahtiger Mann mit leuchtenden blauen Augen, so in den Vierzigern, frisch vom hohen Norden bei uns im Rheinland angelandet.

Ein unschlagbar konsequenter Optimist, bei dem das Glas – selbst wenn es leer war – noch halbvoll gequatscht wurde.

Die Arbeit hatte er nicht gerade erfunden, bis auf die Pressearbeit, die ihn im Markt als Manager profilieren sollte.

Dafür nutzte er die fähigsten Leute in der Agentur als permanente Ghostwriter, was denen nach kurzer Zeit echt auf den Ghost ging.

Auch unserem alten Chairman war nach spätestens 18 Monaten klar, dass er mit Herrn O. voll in die Grütze gegriffen hatte.

Eines Abends saß ich mit ihm zusammen und wir kamen behutsam auf das Thema.

Es quälte ihn schon, hatte er doch diesen Spesenritter persönlich eingestellt.

Nun, Herr O. musste irgendwie weg.

Offiziell wollte der alte Mann noch nichts unternehmen, aber er bat mich, mich doch mal sehr diskret im Markt umzuhören, welcher fähige Geist derzeit denn zu kriegen wäre. Nur mal so...

Da ich damals an dem Job selbst (noch) nicht interessiert gewesen bin, sagte ich schnelle Unterstützung zu. Ich ging auf die Suche nach einem neuen GF-Kollegen.

Bei näherer Betrachtung erschien die Aufgabe schwieriger als angenommen, gab es dort draußen nicht allzu viel Personal, welches das agenturinterne Anforderungsprofil schaffen würde.

Doch halt, da viel mir Kees ein, mein ehemaliger sehr verehrter Kollege aus New York.

Kees, von Geburt Holländer, hatte ich vor einigen Jahren bei der Franzosenkonkurrenz schätzen gelernt.

Ein kleiner, symphatischer, glatzköpfiger Mann mit einer eher untypischen Varieté Ausbildung, aber einem unvergleichlichen Talent, Menschen für sich und eine Sache zu gewinnen.

Das hatte ihn zum global erfolgreichsten Neugeschäftsjäger des Networks und zu einem der interessantesten Manager, die ich je erlebt hatte, gemacht.

Schnell hatte ich ihn wieder gefunden. Er lebte mit seiner Freundin in Amsterdam, mitten im Rotlichtbezirk, und unterhielt eine kleine Unternehmensberatung für sehr große internationale Kunden. Typisch Kees.

Wir trafen uns Wochen später in Amsterdam und ich schilderte ihm von unserem Problem und dass ich es toll finden würde, ihn wieder nach Deutschland holen zu können, zumindest einmal für ein inoffizielles Kennenlernen mit unserem Chairman.

Zuerst war er wenig begeistert und sagte: »Ach weißt du, ich bin so viele Jahre durch die Welt gereist, habe in so vielen gruseligen Agenturen geschuftet, eigentlich wollten ich und Anni (seine Freundin) einen Gang zurückschalten. Amsterdam ist doch so schön.«

Ich redete mit Engelszungen und tatsächlich, am Ende willigte er ein, meinen Chairman unverbindlich zu treffen.

Geht doch!

Ich reiste zurück und schwärmte unserem Chairman von Kees in den höchsten Tönen vor:

Seriös, ein wahrer Businessmann, weltgewandt, stilsicher, beste Kontakte und Erfahrungen in der Führung großer Agenturen, mehrsprachig...die eierlegende Wollmilchsau eben – ein Überkandidat!

Ich war fest davon überzeugt, ein Auftritt von ihm und Herrn O war Geschichte.

Die Tage flogen dahin und Kees flog an einem Donnerstagmorgen ein.

Ich wollte ihn eigentlich am Airport abholen aber er bestand darauf, mit der Bahn zu kommen, einen Führerschein hatte er nie gemacht.

In der Agentur lief alles klammheimlich auf Hochtouren. Herr O. war an der Elbe bei irgendwelchen privaten Geschäftchen, die anderen GFs sowieso beschäftigt, keiner roch Lunte, was da auf die Agentur zurollte.

Am Morgen hatte ich unseren Chairman nochmal eindringlich gebrieft, damit auch alles gut gehen würde,

Der freute sich wirklich über das anstehende Treffen und lobte mich mehrfach für mein vertrauliches und sensibles Umgehen mit der Personalie. Und natürlich für die Brückenlegung zu so einem absoluten Topkandidaten.

Der Konfi war reserviert, nur für Zwei. Unser Chairman wollte das erste Meeting unter vier Augen führen, danach sollte es zu dritt zum Lunch in eines der besten Restaurants im Hafen gehen.

Punkt 11 Uhr informierte mich unser Empfang, dass ein Kees Horn die Agentur betreten hätte.

»Ja, prima, sagen Sie ihm ich komme sofort und hole ihn persönlich ab.«, trötete ich selig in den Hörer.

Ich nahm drei Stufen auf einmal nach unten und da sah ich ihn schon stehen.

Wie immer im taubenblauen Anzug mit weißem Hemd und ohne Krawatte.

Eine kleine schwarze Herrentasche baumelte an seinem Handgelenk.

Er drehte sich um: »Hi, bin ich pünktlich oder bin ich pünktlich.«, lächelte er mich an.

»Passt schon Kees, gute Reise gehabt?«

Wir drückten uns kurz und bestiegen den schon wartenden Aufzug nach oben.

Die Aufzugtür schloss sich. Wir waren ein paar Sekunden alleine und blickten uns an.

Urplötzlich wanderte mein Blick nach unten.

Er trug braune Schuhe zum Anzug, so wie das die Italiener gerne machen. Aber nein, was waren denn das für Treter? Dunkelbraune Lochsandalen mit einem Querriemen... in denen er... ich glaubte es nicht...barfuß steckte!

Barfuß zu unserem Chairman!

Ich schnappte kurz nach Luft. Er bemerkte meine Irritation und grinste: »Ist so viel bequemer.«

Der Aufzug hielt sanft und wir vielen aus dem Förderkorb direkt in die Arme von meinem schon wartenden »Alten«.

Ich weiß nur noch, dass ich mich schnellstmöglich verkrümelte. Was für ein desaströser Auftritt von Kees und ich hatte alles mit honorigen Vorlobeshymnen eingetütet. Große Schei..!

Und was passierte nun? Nichts!

Mein Chairman ertrug die Nummer wohl irgendwie mit gespielter Fassung, sprach aber nur kurz und sehr schmallippig über das Meeting. Der Lunch viel ganz aus. Kees musste angeblich eiliger als erwartet zurück nach Amsterdam.

Der wollte den Job wohl von Anfang an wirklich nicht.

Kees war Käs.

Mega-Blender

Vielleicht kennen Sie, liebe LeserInnen, das »Peter Prinzip« schon. Es besagt ja im Kern, dass in einer Hierarchie jeder Beschäftigte dazu neigt, bis zu seiner Stufe der Unfähigkeit aufzusteigen.

Nun, ich hatte in der Agentur über Jahre das zweifelhafte Vergnügen, mit einem Geschäftsführungskollegen arbeiten zu müssen, der noch viel weiter aufgestiegen war.

Fred war der leitende Kreativchef der Agentur, die letzte kreative Instanz gewissermaßen. Zumindest hätte er das sein sollen.

Fred, ein sportlicher, auf den ersten Blick nicht unsympathischer Geselle in den Enddreißigern mit dunkelbraunen, lockigen Haaren, hatte ursprünglich irgendetwas mit Sport gelernt.

Dann war ihm da wohl die Puste ausgegangen und er hatte sich in die Werbung verirrt.

Vor unserer Agentur war er bei der Konkurrenz recht zügig in die Führung der selbigen aufgestiegen. Manche Stimmen im Markt ätzten, er hätte das über ein Verhältnis mit der dortigen Chefkreativen, einer spröden und recht unansehnlichen Frau, eingefädelt.

Wir lernten uns on the job schnell kennen.

Unser erstes größeres Projekt drehte sich um den neuen TV-Film für unseren großen Waschmittelkunden.

»Moin moin.«, brabbelte er wie immer nichtssagend in den Raum und trat ein. Heute wollten wir zusammen einmal für eine gute Story mit dem Team brainstormen.

»Gut, dass du jetzt bei uns bist, du hast doch viel Waschmittelerfahrung. Ich habe das eigentlich nie gemacht. Finde da einfach keinen Zugang zu den Hausfrauen.«, schleimte er sich ein. Wie wahr, das Meeting war eine einfache Katastrophe, sein Leistungsbeitrag gleich Null.

So ging das die folgenden Monate eigentlich mit allen Meetings, die er eigentlich hätte führen sollen. Es trat nur geistige Stille aus.

Mit der Zeit merkte ich, dass er dieses Vakuum mit entsprechenden Neueinstellungen von konzeptstärkeren Kreativkollegen auszugleichen suchte. Die durften politisch nicht zu stark, aber in der Lage sein, ihm die nötigen zündenden Ideen mundgerecht täglich abzuliefern.

Mir wurde immer klarer, eine echte Nullnummer dieser Typ.

Bei den Kunden versuchte er seine ausgeprägte Konzeptionsschwäche über einen flockigen, lockeren Auftritt zu kaschieren. Das gelang ihm oftmals dank seines wirklich mitreißend blendenden Präsentationsstils, der vergleichsweise von aller erster Güte war – um nicht zu sagen Weltklasse war.

Jedoch klappte das immer weniger. Ich kann mich noch an ein sehr wichtiges Meeting mit unserem Waschmittelkunden erinnern.

Der dem Meeting vorsitzende CEO des Kunden war ein gefürchteter, scharfer Analytiker, von zu Hause aus Naturwissenschaftler, namens Dr. Kneissel, frisch importiert aus dem schönen Burgenland.

Der stand total auf Klarheit und Präzision. Labern war für ihn der echte Graus.

Die schwache Präsentation von Fred – wir waren nur zu zweit hingefahren – ertrug er noch, den Kopf in seinen Händen versunken. Dann stöhnte er auf und sagte leicht genervt: »Ich überleg´s mir.« Das Gespräch war eigentlich damit beendet, Fred war schon aus der Tür, als mich Dr. Kneissel beim Rausgehen an der Schulter leicht festhielt und flüsterte: »Ah geh, der kanns nitt, bringens den mir nie mehr mit, gell«!

Das war wie ein Schlag in die Magengrube. Jetzt hatte ich mein kreatives Pendant auch auf diesem Kunden verloren.

Wo er richtig auflebte, war bei Partys und bei Frauen. Aber der Reihe nach: Agentur-Partys organisieren und dann am

Abend selbst den Conferenciér machen, war ihm wie auf den Leib geschrieben. Wie »Thomas Gottschalk« in seinen besten Tagen. Launig, unterhaltsam und perfekt. Nicht wenige rieten ihm schon, zum Fernsehen zu gehen. Na, hätte er das doch nur gemacht.

Mit den Frauen, das war weniger lustig und hätte heute in Zeiten der »me-too-Thematik, zu einem hellen Aufschrei geführt. Warum? Schlicht deswegen, weil Fred nachhaltig, notorisch übergriffig war. Dutzende von weiblichen, jungen Kreativen konnten da ein Liedchen singen.

Das schwächte die Arbeitsleistung, die Betriebsmoral und generierte den einen wie anderen Abgang hochtalentierter Kräfte.

In summa mündete das alles in einem immer bescheidener werdenden kreativen Output der Agentur. Das Business litt enorm unter den Umständen.

Sowohl unser Chairman als auch vereinzelte Franzosen in Paris waren alarmiert und alles andere als »amused« über die kreative Un-Entwicklung, die die Agentur nahm.

Diverse Gespräche wurden mit Fred geführt, ein starker Stellvertreter aus England neben ihm installiert – den er übrigens binnen drei Monaten geschickt rausmobbte – nichts half. Irgendwie zog er immer wieder seinen Kopf mit Cleverness und einer kleinen Hausmacht aus der Schlinge und machte so weiter wie bisher.

Ich setzte mittlerweile auf die zweite Kreativreihe der Agentur. Alles gut austrainierte, zumeist junge Leute, die ich auch bei den Kunden fest etablierte.

Meinen Kontakt zu Fred hatte ich auf ein Minimum zurückgefahren. Das letzte kurze Gespräch zwischen uns, an das ich mich erinnern muss, fand eines Abends sehr spät in der Agentur statt:

Ich sah noch Licht in seinem Zimmer und trat ein.

Er saß vor einem Berg von U-matic TV-Rollen und schaute sich prämierte Werbefilme aus aller Welt an. Seine konnten ja nicht dabei sein, hatte er doch meines Wissens nach, noch nie einen wirklich relevanten, internationalen Creativ Award gewonnen.

»Schau mir gerade mal für die Joghurt-Thematik ein paar Sachen an. Mir fällt *im Moment (?)* einfach keine gute Idee ein, weißt Du.«, quatschte er mich voll.

Ich dachte mir, »nicht nur im Moment«.

»Ja, dann noch viel Spaß bei der Ideenfindung,« antwortete ich mit leicht zynischem Unterton und verließ eiligst den Ort des Schreckens.

Fred blieb noch gute eineinhalb Jahre und wurde dann völlig überraschend der hochbezahlte Chairman einer sehr angesehenen internationalen Agentur.

»Moin moin« – und ewig grüßt das Peter-Prinzip.

Die britischen Jahre

Das Alphatier

Nachdem sich die Wege der Franzosen und mir getrennt hatten, wechselte ich auf Empfehlung in eine GF- Spitzenfunktion einer US-Agentur. Nicht in irgendeine Werbebude, sondern wieder in eine wirkliche Ikone der amerikanischen Werbeindustrie. Mit über einhundert Jahren gelebter Tradition und einem weltumspannenden Network und tollen Kunden.

Aber der Zahn der Zeit war auch an denen nicht ganz spurlos vorbeigegangen.

Zum einen war die Agentur nicht mehr selbstständig, sondern war mittlerweile von der größten Werbeholding der Welt, einem britischen Unternehmen, gekauft worden.

Zum anderen ging es der Agentur – zumindest in Deutschland – nicht sehr gut. Nach einigen missglückten Managementwechseln hatten die roten Zahlen in der Bilanz Platz genommen, was die Briten zutiefst aufregte. Und da nun nach angelsächsischen Regeln gespielt wurde, tauschte man folgerichtig erstmal das ganze Top-Management nochmal aus.

Robert N., ein durchaus prominenter deutscher Werber, wurde als Chairman und CEO gewonnen und sollte die Sache richten. Der feuerte als Erstes den verantwortlichen Managing Director, Connor J., was mir dessen Stuhl freimachte und besetzte daneben weitere neue GFs an der Tafelrunde.

Die Aufgabe insgesamt war schon eine wirkliche Herausforderung und alle waren sich im Klaren, dass das kein Spaziergang werden würde.

Und doch, ich war wirklich überglücklich diesen prestigereichen, spannenden Job gegen starke Konkurrenz gezogen zu haben.

Klar, ich musste mir wieder eine Zweitwohnung in Frankfurt nehmen und unter der Woche, bis zum allwöchentlichen Pendelverkehr nach Düsseldorf zu meiner Familie, in Frankfurt wohnen. Emotional wirklich blöd und logistisch lästig, aber ich wollte den »Turnaround« für diese Agentur, gewissermaßen als mein Meisterstück, unbedingt hinkriegen – und Frankfurt mochte ich auch.

Drei richtige Hürden sollten sich mir ab dem ersten Arbeitstag in den Weg stellen: Die drei Top-Kunden, das bestehende Personal und mein lieber Chairman Robert N. Doch der Reihe nach.

Ich kann mich noch gut erinnern, als ich montags an meinem ersten Arbeitstag die Unterschriften- und Postmappe aufschlug:

Der Milchkunde hatte so gut wie gekündigt, der Zigarettenkunde beschwerte sich ausdrücklich über wiederholte Fehlleistungen der Agentur und der Food-Kunde wollte mich erst gar nicht mehr kennenlernen.

Das Geschäft brannte lichterloh. Davon hatte mir unser Robert N. in der Deutlichkeit vor Vertragsunterschrift nichts erzählt.

Ich packte die Mappe mit den Schreiben, stürmte in sein Büro und sagte:« »Sag mal, was ist denn das für ein Wahnsinn, da kann ich ja gleich wieder gehen.«

»Na, mal ruhig Brauner«, entgegnete mir Robert N. lächelnd und wie immer braun gebrannt. Dafür habe ich dich doch geholt, dass du diese Themen schnellstmöglich zum Guten wendest.«

Dabei saß er mit seinem faltenfreien Maßanzug und den englischen, rahmengenähten Budapestern entspannt an seinem leergeräumten, runden Schreibtisch. Ein kräftiger Anfang Fünfziger mit graumelierten Haaren und penetrantem After-Shave Duft.

Nun wusste ich Bescheid und verbrachte die kommenden sechs Monate rund um die Uhr in der Agentur und im Flieger, insbesondere im Dienste für die drei besagten knatschigen Hauptkunden. Unter uns, ich bzw. wir haben sie alle gehalten und mit der Zeit aus Nörglern echte Fans der Agentur gemacht. Aber welch ein Kraftakt!

Die mir von Connor J. überlassene Personalfront war anfänglich nicht viel lustiger. Faule, zum Teil schlecht ausgebildete, unmotivierte Deppen, die das Agenturleben eher als unterhaltsame Nebenbeschäftigung ansahen. Tja, wie der Herr so´s Gescherr.

Eine der Spitzenanekdoten lieferte der leitende Account Director Cris, der dienstags morgens so gegen elf Uhr im Trainingsanzug an meinem Office vorbeischlich.

»Morgen Meister (meinte der mich?).«

Ich stand auf und ging auf ihn zu: »Na, auch schon wach?«

Er erklärte mir dann, dass er morgens öfter schon mal etwas später käme, da sein Freund, der als Kabinenpussy einer Airline unregelmäßige Einsatzszeiten hätte, seine Arbeitszeiten mitdefinieren würde. Anderenfalls würden sie sich ja gar nicht mehr sehen. Ohhhh...

Um es kurz zu machen, ich trennte mich – sehr zum Missfallen des Betriebsrates – von Cris noch im gleichen Monat. Weitere 20 Cris-orientierte Mitarbeiter wurden die kommenden Monate durch fähigere Mitarbeiter ausgetauscht. Das Level stieg und damit die Agenturperformance und damit der Glückshormonspiegel unserer Kunden.

Blieb noch die Hürde Robert N.

Er war ein sehr erfahrener Agenturlenker, konnte sehr charmant sein und hatte schon in jungen Jahren Karriere gemacht. In den folgenden Jahren hatte er alle nötigen Psychotricks gelernt und seine eitle, egomane Persönlichkeit auf das Schlimmste verfeinert.

Er wusste immer alles besser, hatte immer Recht, korrigierte unaufhörlich jeden Kommentar und hatte eine diebische Freude an jedweder sarkastisch zynischen Bemerkung, so lange diese zu Lasten Dritter ging.

Wir erlebten das als Mit-Geschäftsführer eigentlich alle und das nahezu jeden Tag.

Vor allem aber hatte er es irgendwie auf mich abgesehen,

vielleicht auch, um mich als erkannt starken GF auf Distanz zu halten, wer weiß, wäre ja nicht das erste Mal.

Einer seiner Lieblingssätze war.: »Sprache formt Geist.« Damit korrigierte er real time die ihm nicht genehme Wortwahl seiner Gegenüber und versuchte sie darüber zu verunsichern und zu belehren.

Auch Unpünktlichkeit ahndete er maßlos. Kam ein GF eine Minute zu spät zur Sitzung in den Konfi, pflegte er bei Eintritt zu sagen: »Na, keine Lust gehabt, an deinem Meeting teilzunehmen?« Dann durfte der Zuspätkommende auch direkt wieder gehen, gewissermaßen als Strafaktion vor versammelter Ritterrunde.

Und dann die Schnitzelstory, die er bei jeder unpassenden Gelegenheit wieder und wieder vortrug:

Sitzen zwei Männer gegenüber vor einem Teller mit zwei Schnitzeln. Einem großen und einem kleinen. Sagt der eine: »Ich lasse dir die Wahl.« Der andere nimmt das größere Stück, worauf sein Gegenüber protestiert.« »Ich hätte ja das kleine Stück genommen,« sagt der andere.« »Das hast du ja jetzt!«

War wohl so eine *Gier und werde bloß nicht Zweiter-Gleichnis.* Schulung rund um die Uhr by Robert N. Ja, so war er.

Geschäftlich ließ er uns die ganze Arbeit machen, vor allem das internationale Business, da sein Englisch eine reine Katastrophe war. Er konzentrierte sich auf die Reportings.

So saß er dann in der alten umgebauten Maschinenfabrik – unserer Agenturlocation – in seinem Glaskasten, trank warmes Wasser und freute sich an unseren stetigen, im Schweiße unseres Angesichts, erarbeiteten Erfolgen. Die Agentur kam binnen zwei Jahren wieder auf die Beine und die roten Zahlen verschwanden wie von selbst aus der Bilanz. Great Britain was amused, really. Vor allem die CFOs.

Natürlich alles sein Werk, was er als pressegeiler Promiwerber wöchentlich, auch ungefragt, immer wieder zum Besten gab. Ich denke, der glaubt noch heute daran.

Egal, wir hatten es wirklich geschafft. Das Meisterstück vollbracht. Ohne Robert wäre es leichter gewesen und hätte auch noch mehr Spaß gemacht, aber was soll ich sagen?

»Sprache formt schließlich Geist.«

PA Chaos

Wie heißt es so schön: »Hinter jedem erfolgreichen Mann steht eine starke Frau.« Analog könnte man auch sagen: »Hinter jedem erfolgreichen Manager, steht eine starke persönliche Assistentin (PA).«

Keine Tippse oder einfältige Büroslavin, sondern eine professionelle rechte Hand, die einem tagtäglich die ganzen schrecklichen Dinge wie Terminorganisation, Reisebuchungen, Präsentationen Schreiben und vieles mehr verlässlich abnimmt. Die eher vordenkt als mitdenkt und einen dabei als möglichst attraktiver, ruhender Pol, besser macht.

Meist verbringt man mit diesen Perlen deutlich mehr Zeit als mit jedem anderen Menschen, eine echte Vertrauensperson eben. Eine Vertrauensperson, auf die man sich hundertprozentig verlassen können muss.

Aber wie alle Perlen im Lebe, sind solche PAs rar gesät und wenn man dann endlich mal eine tolle Assistentin gefunden hat, gibt man die so schnell nicht wieder her.

Über die Jahre hatte ich eigentlich immer ziemliches Glück mit den Mädels gehabt, von Anfang an.

Gerne erinnere ich mich an die unterschiedlichsten Damen zurück: Martina, meine Erste, ein wirklich lieber Mensch, der sogar freiwillig sonntags für mich in der Agentur arbeitete. Oder Pia, eine ehemalige CEO-PA, die zwar bequem und frustriert, aber hochprofessionell den Job managte.

Ilka, die Mütterliche war auch nicht schlecht und stillte später sogar unaufgefordert ihr erstes Baby in meinem Büro, ganz zum Erstaunen der gesamten Agenturbelegschaft. War ich vielleicht sogar der Vater? Natürlich Quatsch, aber es war ein gefundenes Fressen für die immer klatschsüchtigen Werbefreaks.

Miriam konvertierte über die Jahre von einem stillen Pflänzchen zu einer handfesten Punkerin. In dem neuen Look mit zerrissenen Klamotten holte sich mich einmal völlig unerwartet bei meinem japanischen Fotokunden ab. Davon haben die sich bis heute nicht erholt.

Es folgte Patty, die stille laszive Lady. Früher mal Rocksängerin in einer Vorstadtband und danach die Vollkarriere zur schönsten PA der Agentur. Die war schon klasse und vor allem hatte sie diese auch.

So ging das alles jahrelang gut und ich sonnte mich in diesem Support-Komfort, konnte mir eigentlich gar keine andere, schlechtere Situation vorstellen. Irgendwie war ich eben PA-verwöhnt.

Das änderte sich rapide mit meinem Wechsel zu den Briten.

Ich erbte Ida gewissermaßen. Ida war klein und pummelig, aber unglaublich fleißig. Sie hatte sich in der Agentur vom Azubi zur GF-PA raufgearbeitet und machte in den ersten Wochen unserer Zusammenarbeit einen wirklich tollen Eindruck.

Das ließ dann schlagartig nach Wochen nach. Ihr Freund hatte sie sitzengelassen und Ida wurde krank, richtig krank.

So gab sie zwischen Krankschreibung und Arbeiten unter nicht aufhörendem Klagen nur noch Stippvisiten in meinem Büro.

Auch ihre Launen wurden immer aggressiver und sie betrachtete sich mehr und mehr als Opfer denn als meine Assistentin.

Ich mochte sie, aber so ging das nicht weiter. Nach zwei Monaten trennten sich unsere Wege.

Parallel ließ ich die Personalabteilung nach Ersatz suchen und zapfte proaktiv auch meine Quellen an. Sogar die eine oder andere ehemalige PA versuchte ich nach Frankfurt zu locken. Ohne Erfolg.

So saß ich da, PA-los und ließ wochenlang meine Reisen von der PA eines Kollegen buchen. Die Präsentationen versuchte ich, mehr oder weniger glücklich, selbst in Power Point-Form zu bringen. Ich fühlte mich ziemlich verlassen.

Der PA-lose Zeitpunkt war nicht günstig, da ich kurze Zeit nach meinem Agenturstart auch noch ins German Brands Board berufen wurde und durch die daraus resultierende Mehrarbeit dringend personelle Unterstützung gebraucht hätte.

Ich kam immer mehr ins Schleudern, verpasste Termine, kam zu spät zum Flieger und wurde schließlich zum Gesprächsthema bei den Kollegen.

Einer meiner mir besonders schlecht gesonnenen GF Kollegen meint eines Tages während einer Sitzung süffisant: »Mensch, tu doch mal was an deiner PA Misere. Ein wirklich guter Manager löst doch solche Personalproblemchen im Handumdrehen. Was ist denn los? Kann ich helfen?«

Kleiner Einschub: Diese Unverschämtheit hatte ich mir natürlich gemerkt und ein Jahr später an seiner beruflichen Beerdigung aktiv mit gleicher Süffisanz teilgenommen. Gott vergelt´s.

Mein Problemchen schien sich weitere Wochen später zu lösen. Ich stellte Annika ein, eine freundliche Mittzwanzigerin, die schon seit einem halben Jahr auf Jobsuche war.

Eine richtig austrainierte PA war sie zwar nicht und das rächte sich schon in den ersten Tagen. Sie kam mit der vielen Arbeit einfach nicht nach. Zu langsam, zu wenig Erfahrung, zu wenig von allem.

Sie überlebte die Probezeit nicht.

Dann kam Heidrun, eine dunkelhaarige, mäßig sympathische Person. Die hatte mir unsere Personalabteilung auf´s Auge gedrückt. Mittlerweile nahm ich alles, Hauptsache der Vorzimmerstuhl war nicht leer.

Die Schlechte kam nach drei Tagen nicht mehr. Keine Abmeldung, keine Kündigung. Ich glaube, die ist bis zum heutigen Tag irgendwie verschollen. Hätte man einfach mal *XY-ungelöst* einschalten sollen?

Dann saß ich eines freitagmorgens im Büro, machte gerade unselbstständig meine Reiseabrechnung und war zu diesem Personalthema echt am Ende, da rief mich völlig überraschend eine nette Stimme an: »Hallo, ich bin die Rosita. Eine enge Freundin hat mir erzählt, dass Sie eine austrainierte PA suchen. Ist die Stelle noch frei?« »Superfrei,« antwortete ich und lud sie direkt für den kommenden Montag in die Agentur ein. Hoffnung!

Endlich war Montag, Rosita-Tag.

Pünktlich um fünfzehn Uhr erschien sie in meinem Büro. Hui...

Mitte Zwanzig, mit kastanienbraunen, langen Haaren, üppiger Figur, die in einer Art kurzem Flamencokleid in schwarz-rot steckte. Sehr (sehr!) tiefer Ausschnitt und High heels, dass es krachte. Dazu maximal überschminkt mit einer Parfümfahne, die man noch nach Wochen roch. Sah etwas nuttig aus, aber im landläufigen Sinne nicht unattraktiv.

Sie hatte magere Bewerbungsunterlagen mitgebracht. Hatte auch als PA gearbeitet, aber eine klassische Jobwechslerin, die immer so nach rund sechs Monaten wieder auf dem Markt war. Komisch!?

So saß sie mir lächelnd gegenüber und fragte: »Sie müssen doch sicher viel reisen, gell?

Ist das nicht manchmal auch sehr einsam?«

Ich war irritiert und verneinte die seltsame Frage.

»Ich wäre durchaus bereit, auch über die Wochenenden mitzureisen, full service gewissermaßen.«, lächelte sich mich weiter vielsagend an und schlug ihre hübschen Beine übereinander.

Jetzt hatte ich es verstanden!

Nach einigen weiteren Minuten, ohne ihre Telefonnummer einzuholen, setzte ich sie charmant an die Luft. Sachen gibt es, unglaublich.

Ich war also weiter PA-los und langsam hatte ich die Hoffnung aufgegeben, wieder eine echte rechte Hand zu finden.

Wir verfielen bei der Suche auf Zeitarbeit. Eines Tages kündigte sich die erste Kandidatin an, eine Italienerin mit einschlägigen Berufserfahrungen – Chiara.

Chiara, eine Endzwanzigerin, checkte ich zusammen mit meinem CFO-Kollegen. Die letzte Erfahrung mit Rosita hatte mich vorsichtig gemacht.

Chiara und ich verstanden uns von der ersten Minute an bestens. Eine sehr hübsche, sportliche Lady mit langen, dunklen Haaren aber leider eher durchschnittlichen Zeugnissen.

Wurscht, ich war unter Druck und gab ihr eine Chance.

To make a long story short: Chiara und ich arbeiteten die folgenden Jahre supererfolgreich zusammen. Sie lernte extrem schnell, war immer fröhlich und der loyalste Mensch den man sich vorstellen konnte.

Da war sie wieder: die Formel mit dem »erfolgreichen Manager und seiner starken Assistentin«.

Mille Grazie Chiara!

Sabotage

»New Business is the lifeblood of an agency«, so hatte ich es gelernt. Bei den Briten hieß das verkürzt: »More profit« – und das jedes Quartal aufs Neue!

Dementsprechend waren die Finanztruppen auf der Insel auch aufgestellt. Alles austrainierte Finanzer mit bester Pfandleihermentalität. In schwarzen engen Anzügen mit versteinerten Abacusgesichtern, fielen sie quartalsmäßig bei uns ein, um den finanziellen Fortschritt und Wiederaufbau der Agentur zu checken.

Uns blieb nichts weiter übrig, als neben dem laufenden Kundenirrsinn auch noch extra viel Zeit und Energie ins Neugeschäft zu stecken.

Kleine Etatgewinne brachten in diesem Monopoly nichts, nur die dicken Wins zählten für die Inselaffen, wie wir sie fast zärtlich nannten.

Da kam eines Tages das Angebot einer unserer internationalen Tochteragenturen, die sich mit Digital und Promotions beschäftigte, nicht schlecht, das sie uns bei ihrem weltweiten Megakunden, einer Top Airline, in den globalen Pitch um den klassischen Etat bringen könnten. Wow!

Alles war schon mit der Holding in London abgestimmt und der »fliegende Prospect« war einverstanden.

Dieser hatte insgesamt fünf Spitzen-Networks zum Briefing an die Airbase geladen. Wir kamen als letzte Agentur dazu.

Ohne großes Federlesen hatte man mich mit dem Lead dieses Pitches in Deutschland beauftragt. Hatte ja genug Zeit, notfalls nahm man eben die Nächte und Wochenenden dazu.

In einem engmaschigen Netz wurde der Pitch von unserer Seite mit unseren Agenturfreunden in New York, Paris, London, Tokio usw. angegangen. Das organisatorische Pitchzentrum, der sogenannte HUB, lag in Frankfurt.

Wir arbeiteten uns das Hemd aus der Hose, hatten wir auch nur sechs Wochen für die Aufgabe bis zur Präsentation. Tausende von internen und externen Abstimmungen mit dem Kunden begleiteten den Prozess.

Noch mitten in der ganzen Gefechtslage schieden schon drei Konkurrenten bereits in den Zwischenpräsentationen deprimiert aus.

Unsere Kreation, die die Hauptlast trug, kam gar nicht mehr aus den Schuhen und machte einen wirklich fantastischen Job. Ich war wirklich richtig stolz auf unsere Agentur. Das alles hätte man ihr wohl vor einem Jahr gar nicht mehr zugetraut.

Unsere Tochtergesellschaft war dagegen schon etwas lästig, versuchten sie doch täglich mit Besserwissen und zweifelhaften Kunden-Insights, den Arbeitsablauf und die kreativen Konzepte unnötig zu befruchten.

Egal, die hatten uns letztlich reingebracht und wir mussten das eben aus Dankbarkeit und Network-Räson irgendwie aushalten.

Die Inselaffen hielten sich erstaunlich zurück. Setzten aber schon mal die Ertragsplanzahlen hoch und das, obwohl wir den Pitch noch gar nicht gewonnen hatten.

Da war nämlich noch ein wirklich mächtiger Konkurrent aus den USA zu schlagen, eine der größten Agenturen der Welt mit einem nicht unproblematischen Image. Zwar eine topprofessionelle, hochkreative Agenturgruppe, die aber bei den weichen, charakterlichen Werten eher als hartleibig bis kulturlos galt.

Ein sehr erfolgreicher Laden, der aber gegenüber seinen Mitarbeitern, Kunden und Konkurrenten über Leichen ging, wenn es sein musste. Und es musste, glaubte man dem Markt, erfahrungsgemäß recht oft so sein. Also Obacht und immer »ein Ohr auf die Schiene«, wie der gemeine Ruhrpöttler so nett sagt.

Der große Tag der finalen Präsentation rückte näher. Wir feinerten unsere Präsentation, die mittlerweile einen Umfang von gut zwei Stunden erreicht hatte, täglich weiter. Ein Rehearsal jagte das andere. Wer sollte mit zur Airbase? Wer sollte was präsentieren?

Stimmte das technische Equipment und funktionierte es auch? Wer würde von der Kundenseite teilnehmen? Gab es Personen, die sich emotional ausschlossen? Wie konnten wir unsere Wettbewerbsfähigkeit erhöhen? Hatten wir einen Überraschungs-Booster für den Tag? Tausend Fragen, wir waren wie im Rausch, hatten schon den Tunnelblick, wollten (mussten) den Pitch für uns entscheiden.

Der Tag X war da!

Wir sammelten uns und unsere Plünnen und zuckelten zur Airbase. Wir, das waren unser Chairman, unser Chefkreativer ECD, der internationale Koordinator unseres Networks und ich. Halt! Und auf meinen fast leicht belächelten Wunsch hin, Bernie, einer unserer IT-Spezialisten und gelernter »Elektriker«. Man weiß ja nie...

Zeitlich hatte man uns hinter die Präsentation unseres ungeliebten US-Konkurrenten gesetzt. Und wir warteten nun im weiträumigen Foyer der Airline gespannt auf unseren Auftritt.

Dann war es endlich soweit. Wir betraten einen schönen, hellen Konfi mit direktem Blick auf das Rollfeld, wo die Maschinen unseres möglich neuen Kunden auf -und abflogen. Imposant, wirklich imposant.

Bis auf deren Vorstand-Vorsitzenden, Arnaud P., waren schon alle subordinierten Marketingleute da und starrten uns erwartungsvoll an.

Wir beeilten uns, all unseren Präsentationsplunder aufzustellen und die Rollen zu ordnen. Mein Kreativkollege und ich rutschten derweil auf dem Boden rum, um die elektrischen Kabel in den Steckdosen unterzubringen. Bernie saß noch im Foyer, eben für einen etwaigen Notfall mit der Technik. Und der kam, und wie:

Alle sichtbaren Steckdosen für die Rechner und Beamer, die wir sicherheitshalber selbst mitgebracht hatten, waren defekt, rausgerissen oder mit Drähten unbrauchbar gemacht worden. Mit anderen Worten sabotiert!!!

Wir waren uns direkt sicher: Die US-Bude hatte ihrem schlechten Fairplay-Image mal wieder voll entsprochen und versucht, unsere Präsentation spielentscheidend zu behindern. Shit, jeden Moment konnte Arnaud P. durch die Tür kommen, dann war alles zu spät. Was tun?

Ich griff zum Handy und rief Bernie an: »Bernie, lass den Kaffee fallen und komm sofort in den Konfi eins, hier ist technisch alles im Arsch.«

Bernie rannte binnen zwei Minuten zu uns und schaute sich die Sache aus Elektrikersicht an.

»Kriegen wir hin, piano.«, sagte er mit ruhiger Stimme und legte mit Schraubenzieher und Kabelrolle los.

Unser Kundenpublikum bekam von der ganzen Aufregung kaum was mit. Viel zu sehr lenkten unsere Kollegen sie geschickt ab und schließlich interessierten diese Menschen ja auch nicht die fieseligen handwerklichen Probleme eines ihrer potentiellen Agenturpartner. Kinkerlitzchen. Es ging doch heute um Großes.

Arnaud P. ließ Gott sei Dank noch auf sich warten. Irgendetwas wirklich Wichtiges verlangte noch Minuten seiner gewichtigen Anwesenheit.

Bernie brasselte mit hochrotem Kopf unter dem langen Konfitisch und vermeldete nach wenigen Minuten, dass eine Steckdose wieder voll Strom lief. Steckerverteiler drauf und fertig.

Wir hätten Bernie küssen können. Ach, wessen Idee war das eigentlich, ihn mitzunehmen? Hm...

Bernie sammelte seine Utensilien schnell zusammen und strich sich die verschwitzten Haare aus dem Gesicht. Er strahlte über das ganze Gesicht und verließ eilig den Raum.

In gleichen Moment gingen die Fanfaren und Arnaud P. betrat mit seiner Assistentin den Konfi. Es war angerichtet.

Hoffentlich würde alles halten. Unser ECD und ich nahmen die Schlacht auf, alles lief technisch wie auch inhaltlich voll nach Plan.

Arnaud P. ließ schon direkt nach der Veranstaltung durchblicken, dass er sich mit uns an diesem Nachmittag durchweg auf dem richtigen Weg gefühlt hätte, bingo.

Drei Tage später bekamen wir die freudige Nachricht, dass wir den globalen Etat der Airline gewonnen hatten.

Der größte NB-Fischzug der Agentur seit vielen Jahren. Die Inselaffen waren für ihre Verhältnisse nahezu euphorisch aus dem Häuschen und sprachen von uns als »Heros«.

Alles Quatsch: Der wirkliche, echte Hero war Bernie, unser Hauselektriker!

Klassenbuch

Können Sie sich, liebe LeserInnen, noch an das gute alte Klassenbuch aus Ihrer Schulzeit erinnern? Das in Papier geronnene Scharfgericht über das Fehlverhalten von möglicherweise Ihnen und/oder Ihren Klassenkameradinnen und Klassenkameraden? Fehlzeiten, Rügen und schlimmstenfalls sogar Tadel wurden täglich notiert und am Ende des Schuljahres eilfertig aufaddiert und die Gesamtschuld ermittelt.

Meist waren es übergroße Notizkladden in grüner oder auch gerne blauer Coverfarbe.

Klassenbuchführer waren meist Mädchen, da diese im Ruf von mehr Ordentlichkeit standen und darauf kam es ja schließlich an.

Gewählte Klassenbuchwärter, gerne Ausnahmestreber und frühservile Dienstschüler, pilgerten dann megastolz mit dem Buch hinter dem jeweiligen Lehrkörper her und verrichteten aufmerksam ihre Dienste.

Nie hätte ich mir als Manager träumen lassen, diese Szenerie 40 Jahre später nochmal durchleben zu müssen. Und das kam so:

Unsere Agenturkette gehörte wie bereits erwähnt zu einer riesigen britischen Holding mit über einhunderttausend Mitarbeitern.

Deren und unserer oberster Feldherr war E. Patmore, ein Mann, der sein Geld außerhalb der Werbung gemacht hatte, und dann aus Finanzinteressen über die Jahre schwächelnde Agenturen aufgekauft und unter der Holding subsumiert hatte. Dadurch war ein wahres Schwergewicht in unserer Branche entstanden.

E. Patmore kannte sogar die Queen und tickte ausschließlich auf facts and figures.

Kreative Dinge lagen ihm eher fern, Hauptsache die Kohle stimmte.

Um dieses Ergebnis global sicherzustellen, bereiste er in Abständen die großen Länderfilialen seines Reiches, um nach dem Rechten, äh, nach den richtigen Zahlen zu sehen.

Nachdem ich ein Jahr an Bord war, hatte er sich bei uns zur ersten großen Inspektion angemeldet.

Die Nervosität in Frankfurt war natürlich groß, hatten wir zwar schon manchen Schutt unserer blinden Vorgänger wegräumen können, aber die Zahlen lagen weiterhin noch deutlich unter den vorgegebenen Planwerten.

Dafür hatten wir viele gute Neugeschäftsaussichten und auch die Megakunden der Agentur hatten wieder nachhaltig Vertrauen gefasst. Eine Wette auf die Zukunft, aber jetzt war heute und heute an einem regnerischen Donnerstag im Spätsommer war D-Day.

Er kam standesgemäß mit seinem eigenen Learjet und landete pünktlich nach Mittag in unseren heiligen, bescheidenen Hallen. Natürlich nicht der Flieger selbst, aber er und seine Assistentin Ann-Margret.

Patmore war ein knorriger, stämmiger Geselle, mehr breit als hoch. Mit einem gepflegten Kurzhaar-Schnitt, Goldrandbrille, hellgrauem Anzug und einem freudlosen Bulldogengesicht zum Fürchten. Und nicht zu vergessen, sein unübersehbarer Goldsiegelring.

Ann-Margret, die schon seit über zwanzig Jahren seine Lordsiegelringassistentin war, trat in einem aparten, sündhaft teuren grünen Chanelkleid mit entsprechenden Pumps auf.

Eine schicke Lady, die ihre besten Jahre zwar schon hinter sich hatte aber immer noch echt classy war. Rote, hochgesteckte Haare, schlanke, weiße Hände mit dezentem roten Nagellack und einem nicht unsympathischen, aristrokratischen Gesicht, eine echte Britin.

Sie trug eine schwarze Clutch unter dem Arm und hielt in der Hand ein grünes, großes Kladdenbuch, nein, das sah ja aus wie ein Klassenbuch, dachte ich erschrocken.

Wir, d.h. unser Chairman, CFO, ECD und ich saßen den beiden direkt gegenüber und Patmore kam ohne Umschweife zur Sache.

»I took a deep dive into the figures, gentlemen, Ann-Margret, could you give us a short update, please«.

In diesem Moment schlug sie die Kladde, unser Klassenbuch auf, und begann in atemberaubender Geschwindigkeit, die finanzielle Gesamtsituation unserer Agentur zu referieren. Insbesondere die Soll-Plan Abweichungen hinsichtlich der Honorarerträge und (unzureichenden) Kostensenkungen. Dabei lugte sie charmant, aber eiskalt über das Klassenbuch und hielt permanenten Blickkontakt mit ihrem Brötchengeber.

Der brummte nur hin und wieder ungnädig vor sich hin und wir warteten schon gespannt auf die Verteilung der Rügen und Tadel.

Nachdem Ann-Margret endlich fertig war, attestierte uns Patmore, zwar kaum hörbar, ein kleines O.K. für die letztjährigen Bemühungen, war aber insgesamt nicht ganz zufrieden.

Die Diskussion um den Zahlenbrei war nun entbrannt, hatten wir schließlich auch eine Reihe guter Argumente, die aktuelle Situation zu erklären. Und das taten wir nachdrücklich.

Insbesondere unser CFO legte sich besonders ins Zeug und wurde mehrfach vom Briten unwirsch eingebremst.

Dann war ich mit einem Nebenthema an der Reihe und Patmore monierte zu mir gewandt: »Aldo (CEO von unserem Network in Italien) told me, that it is very difficult to get through to you, cause your mobile is always off. Why that?«

Ich versuchte ihm daraufhin auf möglichst freundliche Art und Weise zu erklären, dass das so nicht korrekt wäre, aber im Flieger – und ich war sehr oft in der Luft – durfte man nun mal nicht telefonieren.

Und zurückgerufen hätte ich immer. Außerdem wären nur Dienstboten ständig erreichbar, wobei ich mir diesen Nachsatz im letzten Moment noch verkniff.

Wir kamen wieder zu den geliebten Zahlen.

Ich wusste gar nicht, was der wollte. Wir hatten vor 12 Monaten eine völlig marode Agentur übernommen, die tief in den roten Zahlen steckte. Und nach nur einem Jahr waren wir schon wieder im Plus. Also was? The British Tea Company war ja auch nicht in einem Jahr zu all ihrem Ruhm und ihrer Ehre gekommen.

Er ließ nicht locker. »Next time we´ll meet, I expect precisely the profit-rate we agreed, got me? « Dabei blickte er drohend in die Runde und blieb schließlich an unserem Chairman sekundenlang mit Augenkontakt hängen.

Ann-Margret nickte leicht dazu und trug seine Vereinbarung mit uns akkurat ins Klassenbuch ein. Weitere Eintragungen folgten, unauslöschlich.

Da stand jetzt sicher auch die Mobile Farce mit Aldo unter persönlicher Management Schwäche meiner Person. Ich hätte k..... können.

So ging das ganze Getue – ohne ein angemessenes Anzeichen von Anerkennung und Dank – nach rund eineinhalb Stunden zu Ende. Wir atmeten durch, hatten wir doch noch alle unsere Jobs, allerdings eine fast unrealisierbare Profit-Planzahl vor der Brust sowie mehrere unlustige Einträge ins Klassenbuch kassiert.

Betriebswirtschaftlicher britischer Kolonialismus im 21. Jahrhundert. God save the Queen and Mr. Patmore!

Messefee

Ich kam mittags gerade völlig übermüdet aus Mailand zurück, als mich die Nachricht eines ehemaligen Kunden erreichte – Bertram.

Bertram war nach langem Anlauf nach eigener Aussage Marketingvorstand einer namhaften IT-Firma geworden, die weltweit Drucker und Zubehör verkaufte.

Nun wollte er mich unbedingt auf der aktuell anstehenden Computermesse in Hannover kurzfristig treffen. Es gäbe wichtige, dolle News für mich.

Hm, das konnte Neugeschäft heißen, da war ich ja nie abgeneigt.

Blöd war nur, dass die Messe schon morgen losging und erfahrungsgemäß die Hotels schon Monate davor voll ausgebucht waren.

Egal, ich sagte für den nächsten Tag zu und ließ eine Aushilfs-Assistentin – meine PA war in Seoul auf der Hochzeit ihrer Schwester – nach einem Hotelzimmer und Bahntickets forschen.

Die kleine Meike hatte zwar vom Job keine Ahnung, legte sich aber mit der Reiseorganisation voll ins Zeug.

Am Nachmittag stand sie aufgeregt in meinem Office und meldete strahlend Vollzug.

»Tut mir leid, da war kein Hotel mehr frei, aber Überraschung, ich habe das letzte Fremdenzimmer in town für dich klarmachen können. Eine kleine, schicke Privatpension mit Frühstück. Supi, gell?«, plapperte sie weiter.

»Na, geht doch.«, sagte ich trocken und nahm die Unterlagen in Empfang.

Ich fuhr nach Hause, packte das Nötigste zusammen und raste zum Hauptbahnhof.

Späte Anreise mit der Bimmelbahn, das war das große Werberleben.

Nach Stunden in einem völlig überfüllten Zug, einem unsäglichen Abendessen im Bord- Bistro und voll genervt landete ich gegen 22 Uhr in Hannover an.

War schon fast dunkel, der Abend war gelaufen.

Schnell fand ich widererwartend ein schmuddeliges Taxi mit einem noch schmuddeligeren Fahrer, der ununterbrochen irgendwelche Folklore intonierte.

Nachdem er sich dreimal auf meine Kosten verfahren hatte, bog er, es war mittlerweile richtig düster draußen, in eine kaum beleuchtete kleine Straße ein.

Rietengasse Nummer 12, bingo.

»So, da wir sind. Wollen wirklich hierhin und auch aussteige?«, fragte er im besten Deutschkursdeutsch.

Ich blickte mich um, war schon irgendwie spooky hier, dunkle alte Mietskaserne mit unbeleuchtetem Eingang, wenig Licht in den Fenstern, ab und zu mal ein rotes Lämpchen auf der Fensterbank. Wo war denn die schicke Pension Vucic?

Ich zahlte den Fahrpreis abzüglich der kleinen unbestellten Stadtrundfahr und näherte mich zögerlich dem Klingelschild.

Da war es doch: Bei Vucic, dreimal klingeln, erster Stock.

Die Tür summte auf und ich betrat ein völlig abgeranztes Treppenhaus aus den fünfziger Jahren.

Ich bringe dich um, Meike, dachte ich bei mir und schleppte mich die letzten Stufen mühsam hoch.

Die Tür links stand schon etwas offen und nicht nur die, sondern auch das rosa Negligee der ca. fünfzig Jahre alten, barfüßigen, rothaarigen Frau, die lächelnd im Türrahmen lehnte.

»Hallööööchen, alles gut gefunden? Ich bin die Vera, komm doch rein in die gute Stube.«

Du? Wo war ich denn hier gelandet? Offen gesagt, mir war es natürlich sofort klar, da war bei der Zimmerbuchung etwas voll schief gegangen, mindestens. Das war ein Privat-Etablissement mit Herberge.

Ich konnte nicht mehr zurück und nahm die eindeutige Eintrittsgenehmigung an.

»Du bleibst ja nur eine Nacht, nicht wahr? Nur Übernachtung mit Frühstück, nicht wahr?«, säuselte Vera mich an. Ein schrecklicher Jasminduft umhüllte ihr schon ziemlich verlebtes, aufgedunsenes Gesicht mit den dunklen durchzechten Kajalaugen.

»Ja, ja, nur Übernachtung.«, entgegnete ich, während sie mich mit leichtem Hüftwiegen durch ihre Wohnung führte.

»Da wären wir schon: dein Zimmerchen.« Das Bad ist direkt gegenüber, Frühstück gibt es da vorne im Esszimmer, ab sechs Uhr.«

Ich griff meinen Flugkoffer, galoppierte in die zehn Quadratmeter-Hucke, bedankte mich so freundlich wie nötig und schloss die klebrige Tür.

Bett, Kommode und Stuhl, so einfach kann das Leben sein, dachte ich noch immer völlig perplex. Stimmt schon: Enttäuschungen folgen immer auf falsche Erwartungen.

Erstmal die Tür verriegeln.

Minuten später stand Vera wieder vor meiner Tür.

»Wenn du noch etwas brauchst –hust und räusper – da steht ein Glöckchen an deinem Bett. Einfach klingeln, dann komme ich schon.«, säuselte sie wieder. Bloß nicht!

»Ne, alles gut, gute Nacht.«, antwortete ich und beendete barsch die Konversation.

Ich machte mich direkt auf ins Bett, nur nicht mehr raus aus diesem sicheren Raum, Hygiene hin, Hygiene her, dieses eine Mal musste es so gehen.

Ich schlief schon fest, als ich gegen Mitternacht von eindeutigen Geräuschen aus einem der Nebenzimmer geweckt wurde. Nachhaltiges Bettquietschen und unaufhörliches Stöhnen – Vera war bei der Arbeit.

Wie sollte ich dabei ein Auge zukriegen?

Am kommenden Morgen stand ich um fünf Uhr auf. Alles still. Ich schlich in Veras Bad und machte mich frisch.

Das Frühstück ließ ich aus und legte Vera das Übernachtungs-geld wie vereinbart in einem Umschlag auf die Anrichte.

Fluchtartig verließ ich auf leisen Sohlen das Etablissement und suchte mir ein Frühstückslokal.

Nach längerem Fußmarsch wurde ich fündig, später kam ich rechtzeitig auf der Messe an.

Bertram erwartete mich schon ganz selig auf dem Messestand.

»Na, hallo, schön dich zu sehen. Tolle Nacht gehabt?« fragte er mit ehrlicher Arglosigkeit.

Ich ersparte mir das Erlebnis mit Vera und wollte nun zügig die dolle News erfahren.

Am Ende gab es keine wirklich dollen News und Bertram war auch nicht Vorstand, sondern nur Marketingleiter geworden. Shit.

Aber so was kam leider auch mal vor, und ich machte mich wieder auf den Weg in die Agentur – direkt zu Meike!

Sommerfest

Alle Jahre wieder ergreift jede brauchbare Agentur die Planung des Sommerfestes. Innerbetrieblich nahezu das sensibelste Thema überhaupt, da mannigfaltige, zum Teil weit auseinanderlaufende Interessen von Management und Belegschaft unter einen Hut zu bringen sind.

Wir trafen uns eines sonnigen Maitages dazu in der GF und hatten auch unseren Betriebsratsvorsitzenden Herbert eingeladen. Schließlich war das für ihn und die Kollegen das wichtigste Ereignis des nahenden Sommers.

Da saßen wir nun voreinander, angeführt durch unseren Chairman und CEO, dessen ausschließliches Interesse aber sowieso nur die Pressetauglichkeit des Events und niedrige Kosten waren.

»Was konnten wir denn dieses Jahr mal machen?«, fragte unser Anführer in die Runde.

Jeder von uns referierte daraufhin aus seiner Agenturvergangenheit die eine oder andere Partythematik und deren Erfolg oder auch Misserfolg.

Nachdem alle durch waren, gab auch ich einige der »Fetenknaller« zum Besten:

Zum Beispiel die langweilige Rhein-Schiffahrt, auf der mein damaliger Chef seine in der Agentur angestellte Frau an einen aufsässigen Kreativen des Hauses nach Mitternacht volltrunken auf dem Klo verlor.

Oder die denkwürdige Feier in einer noblen Open-Air-Diskothek, die im Laufe des Abends unerwartet von Drag-Queens, die nebenan feierten, gestürmt wurde.

Nicht zu vergessen: das Survival Camp am Niederrhein, bei dessen Kanufahrt alle sehr nass geworden sind und mehrere Kollegen beim unfreiwilligen Kentern beinahe ertrunken wären.

Auch da war nichts Verwertbares bei, was wir hätten wiederholen sollen.

Nachdem wir im ersten Jahr unseres Agenturrenovierungs-Trips aus Kostengründen sehr »sparta«, mit Federballturnier im Fabrikinnenhof und Discountwürstel vom Leihgrill gefeiert hatten, musste ein echter Sommerknaller her.

»Ihr wollt mir doch nicht sagen, dass wir zu unkreativ sind, ein passendes Konzept zu finden, um diesen schicken Sommer standesgemäß zu feiern,« grummelte es aus unserem Chairman.

»Soll ich das auch noch selber machen, oder findet sich vielleicht doch einer der Herren, dieses Spaßding zu befruchten?« Blick in die Runde, nichts. Ich glaubte Herbert leise schnarchen zu hören.

Wer wollte sich bei einer eh schon 80 Stunden Woche – außer Herbert natürlich – diesen zusätzlichen Irrsinn noch antun?

Nach quälenden Sekunden des Schweigens, des auf das Mobile Starrens und des aus dem Fensterguckens, erbarmte sich unser CFO Vito, oberster Schleimlecker unseres Chairman: »O.K., ich kümmere mich um die Sache.«

Aber der Herbert und sein Betriebsratsteam müssen mich bei der Themenfindung und Organisation tatkräftig unterstützen.

In diesem Moment wachte Herbert wieder auf und ein Lebensfunke durchströmte seinen gewerkschaftlich schlaffen Körper. »Na klar Vito, wir stehen dir natürlich zur Seite. Können wir denn die Überstunden, die anfallen, abfeiern?« Ohne Worte!

Gesagt getan, das Team hatte sich wohl gefunden und begann, die Sommersause für in knapp acht Wochen vorzubereiten.

Wir GFs hatten es alle vom Hals, waren aber durchaus gespannt, was unser Zahlenknecht und die betrieblichen Dauerrohrkrepierer so alles auf die Beine stellen würden.

Die Wochen vergingen und man hörte nichts mehr von der Fete. Nichts sickerte durch.

Auch Vito hielt sich bedeckt und tauschte die Zwischenergebnisse nur mit seinem »Licht«, na mit wem wohl, hinter verschlossenen Türen aus.

Die Spekulationen um das Partythema und die Location und Actions schossen natürlich ins Kraut.

Sommer, Sand und Meer. Manche glaubten gehört zu haben, dass es im Flieger für alle ein Wochenende nach Mallorca in die Sonne gehen würde.

Andere träumten von der Anmietung eines sonnigen Privatstrandes mit Live-Band in der City. Dancing barfoot in the moon...und so.

Es war aber auch ein wirklich besonders schöner Sommer, der nach Freiluftparty nur so rief.

Noch zwei Tage bis zum Sommerfest. Alle freuten sich wie Bolle auf den Event, hatte das letzte Jahr nach dem deprimierenden Federballturnier doch die Erwartungen in eine spektakuläre Agenturparty bis aufs Äußerste getrieben.

Die Mädels sortierten schon die Sommerkleidchen, manche probierten sicher hüftenwiegend ihre neuen Badesachen an. Und wenn es doch nicht ans Wasser geht?

Nach wie vor drang keine Neuigkeit aus dem Kreis von Vito und Herbert in die Agentur.

Eigentlich kommunikativ recht ungewöhnlich für eine Agenturgemeinschaft, die im Rahmen der anstehenden Party noch enger zusammenwachsen sollte.

Einen Tag vor der Veranstaltung fand jeder eine mysteriöse Einladung mit einem Salztütchen auf seinem Schreibtisch und der Aufforderung, auch warme Kleidung (im Sommer?) mitzunehmen. Was war das denn ? Die Spannung stieg und so viel wurde jetzt klar, wir alle würden am kommenden Morgen recht früh mit einer Armada von Reisebussen weggekarrt werden. Nur wohin? Wohin nur?

Vito sagte zu mir: »Mensch, du wirst Dich wundern, so was gab es noch nie. Ist Herbert eingefallen, der ist in so was gar nicht so schlecht.«

Der Morgen kam, wir standen mit über 130 Leuten im Hof und stiegen in ein unbekanntes Abenteuer ein.

Die Reise dauerte über drei Stunden und ging Richtung Osten in die gute alte ex-DDR.

Das Wetter war einfach geil, die Sonne knallte und alle hatten sich sommerlich aufgebretzelt. Die Mädels trugen kurz und kürzer- eine Jacke unter dem Arm- und die Laune war noch bestens, als die Busse, einer nach dem anderen, nach rechts auf ein verlassenes Industriegelände mit Abrissbaggern und hohen Kieshügeln einbogen.

Herbert lächelte vielsagend und ergriff das mit allen anderen Bussen verdrahtete Busmikrofon:»Tätä, wir sind da, Ihr Lieben«.

»Das hättet Ihr wohl nicht erwartet, was«? Vito nickte vielsagend dazu.

»Ich lass die Katze jetzt aus dem Sack. Wir feiern heute als erste und einzige Agentur in Deutschland unser diesjähriges Sommerfest »im Schacht«. In einem Salzbergwerk in 800 Meter Tiefe.

Stille.

Viele starrten leer in die Gegend. Einige strichen ihre Sommerkleidchen glatt und deckten jetzt schon die Wolljacken darüber. Wenige dachten an ihre Klaustrophobie, später würden sie sich dieser immer mehr unangenehm bewusst werden. Ich saß inmitten der Mannschaft und glaubte zu träumen. Keine Sonne, kein Licht, dafür ein kühles dunkles Bergwerk. Sind die bekloppt geworden?

Flugs wurden alle mit Industrieschutzhelmen in den Seilkabinen nach unten befördert.

War doch recht kühl, alles weiß voll Salz und wir aufgereiht zu Partymusik und dezenter bunter Beleuchtung in einer Art Grubendom, einem riesigen Gewölbe weit unter der Erde und Sommersonne- Buffet und Tanzfläche inklusive.

Der Abend startete, die Stimmung kam leidlich in Gang. Einige Kolleginnen und Kollegen hielten die bedrückende Tiefe nur kurz aus und mussten wieder in den Förderkorb nach oben. Andere taten nur so, nur weg.

Phasenweise ging das Licht für Sekunden aus. Einige Mädels schrien.

Auch unser pressegeiler Chairman wirkte alles andere als überzeugt. Konnte er damit in der Fachpresse glänzen?

Herbert kam leicht angesäuselt auf mich zu. »Toll, nicht wahr? Wollte ich immer schon mal machen.«

Der Abend und das spektakuläre Sommerfest floppten im dunklen Berg. Und fragen Sie mich nicht wie.

Glück auf!

Lieblingskunde

Über die Jahre habe ich sicherlich zigKlienten mit Hunderten von Marken und Produkten beraten.

Jedes Engagement war anders, jeder Kunde hatte seine speziellen Eigenheiten. Aber wie sagte einmal meine sehr verehrte US Kollegin-Kate so nett: »Never forget, clients come always in different flavours and you have to cope with it, my dear.«

Recht hatte sie. Manche machten Spaß, manche brachten nur Ärger. Und dann gab es welche, für die habe ich uneingeschränkt sehr, sehr gerne gearbeitet.

Mein absoluter Favorit waren meine Zigarettenfreunde aus München. Der weltgrößte Kippenladen der Welt.

Brilliante, intelligente Köpfe – vom Head of Marketing bis zur kleinsten Produktmanagerin. Hervorragende, meist international ausgebildete Top-Marketer.

Nie wieder vorher, noch nachher habe ich einen Kunden erlebt, der seine Konsumenten so perfekt verstanden hatte wie sie.

Vor allem waren sie nicht notorisch beratungsresistent, sondern hörten uns gut zu und versuchten darüber jeden Tag noch besser zu werden. Und das war in dem schwierigen Zigarettengeschäft alles andere als einfach. Hinzu kam, dass sie auch über die notwendige Kohle verfügten und damit viele Markenträume auch wahr werden lassen konnten.

Aber am entscheidensten war die angenehme, weltoffene Mentalität meiner Gesprächspartner.

Die gingen ihr Business zwar hochprofessionell, aber eben auch sehr entspannt an und hatten für das Miteinander mit ihrer Agentur immer ein offenes Ohr.

Leider mussten wir uns den Gesamtetat mit einer anderen sehr berühmten US-Agentur teilen. Blöderweise hatte die auch noch deren Markenschlachtschiff als Etat.

Aber gleichwohl knieten wir uns für die uns anvertrauten Marken doppelt und dreifach rein und wurden später dafür auch richtig belohnt. Aber das hat noch ein paar Zeilen Zeit.

Neben dem harmonischen Erfolg, den wir zusammen hatten, erlebten wir natürlich auch die eine oder andere nette Schote, wovon ich hier berichten möchte:

Im Winter war ich mit meinem Team auf der Reise nach München am Flughafen eingeschneit worden. So kamen wir nach einigen Rettungsversuchen der Schneeräumer erst drei Stunden nach dem vereinbarten Sitzungsbeginn im Headquarter an.

Und was sahen unsere Augen: Ein riesiges, liebevoll zusammengestelltes Buffet mit frischen bayerischen Schmankerln. Amon, der Marketing GF, grinste und sagte nur: »Mensch, jetzt habt ihr so eine Himmelfahrt hingelegt, langt erst einmal ordentlich zu, ihr müsstet doch Hunger bis zum Abwinken haben, gell?«

Wir waren einfach nur sprachlos und die Sitzung verschob sich nochmal um eine glatte Stunde nach hinten. So waren sie eben.

Auch die Liberalität, was das Rauchen anging, war klasse. In den Konfis lagen zwar immer die Zigarettenpäckchen ihrer vielen Marken zur Selbstbedienung auf dem Tisch. Doch keiner wurde animiert zu rauchen. Nichtraucher waren ebenso willkommen wie Fremdmarkenraucher. (Was natürlich keiner tat).

Und sie selber rauchten alle nicht, was mich vom ersten Tag unserer langen Zusammenarbeit mächtig nachdenklich machte, aber auf meinen Zigarettenkonsum bis heute leider keine messbare Verhaltensänderung herbeiführte.

Die dritte Instanz in unserem engen Kunden-Agentur Bund war Jenna.

Jenna war unsere weltweite Agentur-Kundenkoordinatorin.

Gewissermaßen die Supervisorin dass alles richtig läuft. Sie kam immer zu den wichtigen Brand Plan Meetings nach Deutschland und hinterließ neben guter Laune zumeist auch einen dichten Nebel von Zigarettenqualm. Sie rauchte als Einzige auch in den Meetings – und wie. Zwei bis drei Schachteln binnen eines halben Tages waren normal und ihre Tagesdosis. Ob die gute Jenna noch lebt?

Einmal brachte sie den neuen World Wide Creative Director mit. Bill aus Chicago.

Bill war so Anfang dreißig und hatte das verwegene Gesicht eines Wikingers mit langen, gepflegten Haaren. Top in Leder gekleidet betrat er erstmalig unsere Sitzung und stand etwas verlegen vor unserem Tross.

Alle blickten ihn freundlich aber auch etwas amüsiert an, steckten doch seine Barfüße in rosa Flipflops – mit blau lackierten Fußnägeln. Yeah!

Ja, so war die Kreativwelt einmal, lang ist es her.

Feiern konnten die auch. Mir wird die eine Sommerparty auf einem Schloss im Rheingau immer in bester Erinnerung bleiben.

Liberal wie sie waren, hatten sie uns und unsere direkte Konkurrenzagentur gemeinsam zum Gartenfest geladen. Volles Programm mit Live Band, Kochkursen mit einem Drei-Sterne-Koch und ein Catering wie bei Hofe.

Der wirkliche Knaller kam aber erst kurz vor Mitternacht, als auf einmal alle angesäuselten Köpfe in eine Richtung starrten und ein weiterer Gast die Bühne betrat.

Wir sahen einen, nein, DEN Werbeprotagonisten ihrer Hauptmarke: Ein ca. vierzig Jahre alter Cowboy mit gegerbtem Anlitz in Slaps und mit Stetson und natürlich dem unvermeidlichen Lasso in der Hand sowie einer brennenden Kippe im Mundwinkel.

»He guys, how you are doing. Have come straight away from the States to party with you,« sagte er mit rauchiger Stimme, während seine Stiefelsporen in der heraufziehenden Nachtdämmerung nicht mehr blinkten und er in die Runde »smilte«.

Coole Überraschung dachte ich mir, sowas sollten wir beim nächsten Mal auch hinkriegen. 1 : 0 für die liebe Konkurrenz.

Wurde ein wirklich toller, unvergesslicher Abend. Sowas ging eben nur mit ihnen.

Ach ja, die Belohnung, bevor ich es vergesse:

Eines Tages drang das Gerücht zu uns, dass unser Kunde noch einmal trotz aller rechtlicher Restriktionen eine neue preisaggressive Marke auf den Markt bringen wollte.

Nicht ganz risikolos, waren die aktiven Raucher doch bereits merklich weniger geworden.

Aber unser Kunde glaubte fest an sein Konzept und surprise: nicht unser gewichtiger Konkurrent, sondern wir sollten diesen letzten großen Launch international begleiten.

Wir waren superstolz und arbeiteten die kommenden sechs Monate volles Rohr, damit der engagierte Zeitplan bis zur Einführung der neuen Marke gehalten werden konnte.

Und es klappe prima, die neue Marke kam gut aus dem Stand. Unser Kampagnenpaket griff wie geschmiert. Glückliche Gesichter auf allen Seiten!

Wo findet man noch heute solche Kunden?

Ich habe später, nachdem sich unsere Wege bereits getrennt hatten, noch viele Jahre privaten Kontakt zum Einen oder Anderen dieses tollen Unternehmens gehalten – meines Lieblingskunden!

Abflug

Die Agentur brummte jetzt schon im dritten Jahr – und wie.
Wir hatten einige neue Kunden gewinnen können und nicht
einen Etat verloren. Aber der Haupttreiber unseres Erfolgs war
unser internationaler Mega-Foodkunde, der seine Umsätze jedes Jahr zweistellig steigern konnte. Wie das?

Nun, die waren dahinter gekommen, dass unsere TV-Filme
für ihre vielen Marken und Produkte der Schlüssel zum Erfolg waren, solange diese die Testbenchmark bei den befrag-
ten Verbrauchern überschritten. Das war dann sogenannte
Erfolgscopy und arbeitete, wie ich es noch nie zuvor erlebt
hatte.

Dazu kamen enorme jährliche Mediabudgets im knapp drei-
stelligen Millionenbereich (!), einer der größten Kunden-Etats
überhaupt im ganzen Land.

Permanente neue Produktlaunches und eine besondere Qualität ihrer Ware machten die Erfolgsfaktoren komplett.

Nach kurzer Zeit war unser Kunde in nahezu all seinen Märkten absoluter Marktführer und bestimmte den Takt.

Und diesen Takt bestimmte er mittlerweile auch in unserer
Agentur, da er sich seiner wirtschaftlichen Bedeutung für uns
natürlich völlig klar war.

Der Ton war professionell und hart. Faktor Gier hatte alle irgendwie fest im Griff.

Wir bauten immer größere Teams zusammen, stellten reihenweise Leute, insbesondere in der Kreation und der Beratung
ein, um die exponentiell wachsende Arbeitsbelastung auch nur
annähernd zu bewältigen.

Zwei- bis dreimal die Woche ging es ab mit dem Flieger in
den Süden zu Kundenmeetings. Zwischenzeitlich hatten wir
uns sogar einen eigenen Fahrdienst vor Ort eingerichtet, der
die permanente Hin- und Her Kutschiererei stemmte.

Der ganze Druck wurde noch viel größer, als der neue Marketingchef die Zügel übernahm.

Hanno H. war ein kleines schmächtiges Kerlchen, vielleicht so Ende der Zwanziger. Ein eiskalter Karrierist, der mir schon in unserem ersten Meeting sagte: »Um eins klarzustellen, an kreativem Firlefanz bin ich nicht interessiert. Ich will Erfolgscopy, die alles bisher Dagewesene in den Schatten stellt. Je schneller, desto besser für mich. Habe schließlich noch im Job etwas vor, got it?«

Spätestens in dem Moment wurde mir klar, der Speed und der Druck für uns würden nochmal merklich steigen.

Und so kam es auch. Hanno H. ließ die Agentur jetzt viermal die Woche mit neuen Ideen und Konzepten anreisen. Sonderworkshops mussten von uns vorbereitet werden. Copy-Umsatz-Reviews fanden jetzt zweiwöchentlich statt.

Ebenso sollte die Bewertung der Agentur jetzt fortan nicht mehr jährlich, sondern halbjährlich erfolgen und die Bonuszahlungen an uns noch viel härter mit der Erreichung der Umsatzplanzahlen verdrahtet werden.

Nicht zu vergessen seine Idee, eine Agentur-Dependance in deren Geschäftsräumen zu installieren, um den direkten Zugriff auf uns zeitlich zu intensivieren. (Eine Scheißidee, die ich ihm im Keim direkt erstickt habe).

Darauf folgte direkt die nächste Bombe und das im wahrsten Sinne des Wortes:

Ob der Anzahl der Produktionen – wir machten mittlerweile über fünfzig Filme pro Jahr – wurde selbst deren Produktionsbudget langsam knapp.

Hanno H. hatte da aber auch schon die Lösung: »Ich schlage vor, für die Außenaufnahmen nehmen wir auch billigere Locations dazu.«

An was für Locations dachte er wohl?

»Beirut ist derzeit der Schlager,« , hörte ich ihn kommandieren.

Aus dem Ding kam ich nicht raus drohte er uns doch an, den Folgedreh, sollten wir da nicht mitkommen, mit einer anderen Agentur »probeweise« zu machen.

Beirut...TV-Drehs Straße an Straße neben dem Bürgerkrieg. Unser Chairman überstimmte meine Bedenken und der riskante Dreh wurde – wenn auch nur mit mittelmäßigen Ergebnissen – durchgezogen. Wie grotesk!

Für die Agentur floss das Geld zwar in Strömen, aber um welchen Preis?

Alle liefen auf dem Zahnfleisch und so erging es ehrlich gesagt auch mir, der ich der Anchorman für diesen Höllen-Account war.

Ich hatte Stress pur. Zweimal die Woche in den Frühflieger um sieben Uhr am Morgen. Zehn Stunden Sitzungen und spätabends wieder zurück –oft noch in die Agentur. Schließlich hatte ich ja noch zig andere Kunden und Management- Aufgaben in der Agentur.

Meinem Kreativpartner und ECD Mike erging es nicht besser.

Eines Tages kam er auf die Idee, dass wir uns am Frankfurter Flughafen eigene Parkplätze mieten sollten, damit Abflug und Ankunft schneller funktionieren würden. Gesagt, getan.

Aber das half natürlich auch nicht viel.

Letztlich saß ich etatverantwortlich auf dem Schleifstein. Jeden Tag.

Der Stress nahm immer weiter in dem Maße zu, wie Hanno H. sein grausames Spiel mit der Agentur erhöhte. Was für ein karrieregeiler Psycho!

Teilweise musste ich sogar meine wöchentliche Heimfahrt zu meiner Frau und Tochter ausfallen lassen bzw. verkürzen. Das tat mir in der Seele richtig weh und führte zu einem weiteren Anstieg meines Stresspegels.

Wenn man jetzt meinen würde, dass meine Company all diesen Einsatz folgerichtig belohnen würde, mitnichten.

Die seit längerem von mir reklamierte CEO-Position wurde weiterhin feist grinsend vom Chairman mit ausgeübt, zumindest auf dem Papier. Sparte Geld.

Eines Sonntagsmorgens auf dem Golfplatz nach einer sauschlechten Runde wurde mir klar: So konnte das nicht weitergehen.

Ich hatte den Punkt der totalen **Daseinserschöpfung** erreicht. Ich war Ende Vierzig und mein Leben war eigentlich beschissen.

Ja, ich hatte über die vielen Jahre im internationalen Werbegeschäft wirklich viel erreicht, gut verdient, aber auch sehr viele Körner verloren, viel Privates hinten angestellt. Wo sollte das enden, wo war ein Lichtblick?

Der Lichtblick kam Wochen später unverhofft in Form eines außergewöhnlichen Jobangebotes.

Man bot mir in einer mittelständischen, deutschen Aktiengesellschaft die Topposition des Vorstandsvorsitzenden und CEO an. Es handelte sich um ein sehr bekanntes marktführendes Kommunikationsunternehmen für Food Innovationen und PR – 20 Kilometer entfernt von meinem Heimatort und meiner Familie.

Wie sagte der gute Montesquieu so schön: »Ein unglückliches Leben ergibt sich durch Langsamkeit«. Also »hurry up!« Zwei schlaflose Nächte, einmal Familienrat und ich Schritt zur Tat und kündigte.

Sehr zum Leidwesen meiner Kunden (selbst Hanno H. heuchelte rum), Entsetzen meiner vielen Mitstreiter in der Agentur und zur offenen Freude unseres ganzen Betriebsrates.

»Der Schleifer geht«, tönte es aus dem von mir seinerzeit bewilligten Betriebsratszimmer.

Nun, ich hatte in den vergangenen Jahren so oft Ankunft gebucht, jetzt war es Zeit für einen Neuanfang: Es war Zeit für den Abflug!

Ich verließ »Entenhausen« – glaubte ich...

Epilog

Meine werten Ex-Werberkollegen werden sagen: »My god, he really did it!«

Ja, ich habe das seit Jahren angekündigte Buch geschrieben und nicht nur geschrieben.

Ich habe meine chaotisch-schönen Jahre in internationalen Werbeagenturen und die Erlebnisse mit den unterschiedlichsten Menschen noch einmal emotional durchlebt.

Teilweise habe ich schallend gelacht, teilweise auch etwas nachdenklich aus dem Fenster geschaut.

Ich habe mich an die vielen schönen Momente erinnert, die tollen Präsentationen und die vielen klugen Mitstreiter, die mich fast immer umgeben haben.

An die großen Markenkampagnen und reichen Etatgewinne. Und an das einfach unvergleichliche Flair dieser Branche.

Aber auch an die vielen stressigen Stunden. Die menschlichen Enttäuschungen, das verkürzte Privatleben und den permanenten Zeit- und Leistungsdruck.

Es hat mich über die vielen Jahre verändert. Ich begegne meinen Mitmenschen zweifellos heute mit noch größerer Vorsicht, bin sicherlich auch kompromissloser und härter geworden.

Apropos hart: Hart war es phasenweise auch für meine Frau und Tochter. Meine Frau nahm ob meiner ständigen Abwesenheit eher die Rolle einer Alleinerziehenden ein.

Meine Tochter sah mich oft wochenlang nur spätabends, überhaupt nicht oder abgekämpft am Wochenende. Sie musste sich ihren Pa zeitlich einteilen.

Oft habe ich ihnen ganz schön was zugemutet. Aber das werbliche Postkartenidyll mit finanziellem Wohlstand sowie Haus, Hof und Hund, hat eben auch seinen Preis-wie alles im Leben.

Mein liebevoller Lebensdank gilt den Beiden, dass sie da waren und immer noch da sind!

Ohne sie hätte ich das alles nicht gepackt.

Wie geht es weiter?

Nun, liebe LeserInnen, ich verrate Ihnen ein kleines Geheimnis:

Ich werde weiter Bücher schreiben und treffliche »entenhausener« Lebenserfahrungen mit den lieben Mitmenschen aus anderen Lebensbereichen außerhalb der Werbung aufschreiben.

Entenhausen ist doch überall!

Bleiben Sie mir gewogen und –»stay tuned!«

Danksagung

Viele hilfreiche Geister haben an der Realisation von »Werberhausen« mitgewirkt:

Drei Menschen möchte ich an dieser Stelle meinen besonderen Dank aussprechen:

Zum einen meiner Frau Barbara, für die immer konstruktiven inhaltlichen Gespräche und manche wichtige Korrektur.

Zum anderen meiner Tochter Romina, die als studierte Germanistin aus meinem Schreib-Chaos erst einen lektorierten Text gemacht hat.

Und nicht zuletzt Kurt Rönspeck, der als Creative Director die tolle Cover Idee hatte und mir freundschaftlich zugewandt bei der »Umsetzung« meines Buches sehr geholfen hat.

Tausend Dank Euch allen!

Autor

Tom Meyer, Jahrgang 1958, ist Dipl.- Betriebswirt und lebt mit seiner Familie in der Nähe von Düsseldorf.

Nahezu vier Jahrzehnte agierte er erfolgreich in der Werbebranche, davon die meiste Zeit in großen internationalen Top-Werbeagenturen.

In seiner langen Karriere war er Geschäftsführer, CEO, Agenturgesellschafter, Hochschuldozent und selbstständiger Markenberater.

»Werberhausen« ist sein erstes Buch.